김중엽

다이얼로그

金重業

Kim Chung-up

다이얼로그

김중업

對話

Dialogue

열화당

건축은
인간에의
찬가(讚歌)입니다.

알뜰한 자연 속에
인간의 보다 나은 삶에 바쳐진
또 하나의 자연입니다.
인간이 빚어 놓은 엄청난 손짓이며
또한 귀한 사인(sign)입니다.
자연 속에 건축이
건축 속에 자연이
서로 감싸고 꿰뚫어
조화롭게 호흡하는 모습이란
인간이 이루어놓은 극치라고
할 것입니다.
건축을 '종합예술'이라 하고
'질서의 샘'이라고 하는 까닭이
여기에 있습니다.

나도 모르는 사이에 무언가
굴러가고 있는 나를
다시 끌고 가기 위해서는
건축가들의 많은 자기 반성이
필요합니다.
내가 애걸하고 싶은 것은,
굴러가는 것이 아니라
끌고 가야 된다는 사실입니다.
그리고 끌고 가는 것은
문화가 끌고 가는 것이지
문명이 끌고 가는 것이 아니라는
사실에 대한 깊은 천착입니다.

창조하는 사람이 모두 고독하지만
건축가는 더 고독해요.
자신이 가지고 있는 꿈을 팔아야
하니까요. 잘 받아 주지 않으면
설득을 해야 하구요.

집을 지을 때
아무도 설명서를
주지 않습니다.
피카소의 그림에도
설명문은 없지요.
마음으로 볼 수
있어야 합니다.

건축만 안다고
건축이 되는 것은 아니죠.
자기가 놓인 시점을
확실히 알아야 합니다.
그래야 존재의 표시가
정확히 나오지요.

김중업, 그를 둘러싼 대화

21세기의 사회적 화두 중 하나는 '통섭(convergence)'이다. 서로 교차, 충돌하며 경계를 넘나드는 현상은 더 이상 낯선 풍경이 아니다. 미술 쪽에서 주로 사용하던 용어 큐레이션(curation)은 이제 일상에서 자주 쓰이며, 패션계에서 오가던 '콜라보(collabo, collaboration)'라는 말은 현대미술의 컬렉티브 아트(collective art) 프로젝트를 설명하는 관용적인 표현이 되었다. 이런 몇 가지 사례는 근대화 이후의 우리 사회가 어떻게 변해 가고 있는지 보여 준다. 한국 현대미술을 대표하는 제도기관인 국립현대미술관은 2010년부터 본격적으로 전통적인 미술 장르뿐만 아니라 건축, 디자인, 영화 등이 만나 이루어내는 협업 또는 혼종 현상에 주목하고 있다. 또한 우리는 한국 사회야말로 이처럼 이질적 양상들이 가장 잘 발현되는 토양이란 점을 보여 주고자 했다. 따라서 정작 우리 자신의 이야기임에도 제대로 밝혀지지 않은 지대를 돌아보고 발굴하는 게 우선이라 생각했다. 2018년 한국 여러 도시에서 국제비엔날레가 연이어 개막하는 지금, 국립현대미술관이 미술가가 아닌 건축가 김중업(金重業, 1922-1988)을 전시장 한가운데 위치시킨 이유가 여기에 있다.

지금은 가고 없는 건축가가 남긴 메시지는 무엇일까. 김중업의 말들은 역설적으로 지금 더욱 절묘하게 설득력을 지닌다. 이번 전시와 책을 통해 그의 생각과 실천을 현대 시각예술의 흐름 속에서 읽고 공유해 보려 한다. '건축을 하는 미술' '미술을 하는 건축' 등 건축과 미술이 맺는 관계에 질문을 던지며 김중업과 그의 작업을 들여다보았다. 예술적 조형 어휘, 작가적 정체성의 고민, 현실을 향한 비판, 기억과 역사의 문제 등을 작품 주제로 끌어들이는 것은 동시대 문화예술가들 역시 추구한 방향이다. 한국전쟁 직후인 1950년대, 일반 시민뿐만 아니라 대다수의 예술가들도 국가 재건을 위해 애쓴 시절, 건설이 아닌 '건축'을 말하고자 했던 사람. 한국 현대건축가 1세대로서 폐허와 같았던 이 땅에서 '건축'을 예술적 지위에 놓고자 했던 인물. 그가 내놓은 창조적 결과를 빠르게 변모하는 우리 사회의 다채로운 모습들과 겹쳐 본다.

한국 현대건축을 대표하는 역사적인 인물이자 한국에서는 유일한 르 코르뷔지에의 제자, 건축가 김수근의 라이벌로 불리지만 그와 달리 국가로부터 추방을 당한 비운의 건축가. 이 말들은 김중업을 설명하는 낯익은 수식어다. 시인을 꿈꾸다 건축가로 전향한 그에게 건축은 낱말 대신 조형으로 빚은 시였다고 평자들은 말한다. 하지만 1979년, 오랜 외국생활 뒤 귀국해 가진 대담에서 오십대 후반에 이른 김중업은 이런 말을 한다. "시대는 많이 변했어요. 좀 더 적극적으로 사인을 보내야 되겠고 좀 더 소란해져야 되겠고, 비유해서 말한다면 시를 써 오던 건축가들이 산문을 쓰기 시작했다 이거지요." 여기서 보듯, 우리는 그의 건축이 '시'에서 점차 '산문'의 태도로 흘러갔음에 주목했다. 이 문장은 김중업의 삼십 주기를 맞는 지금 그를 한국 건축계의 신화적 존재로 바라보기보다 구체적인 사실과 증거물에 근거해 동시대 문화예술적 맥락에서 재해석하는 우리의 작업을 뒷받침해 준다. 또한 지금까지 그의 상징적 건축물의 조형성에 가려져 소홀했던 도심 빌딩, 주택, 문화 및 상업공간, 후기의 유토피아적 계획안에 왜 눈길을 주어야 하는지와도 연결된다. "이제는 소설을 쓰고 싶습니다. 건축이라는 것이 어디까지나 인간이 나서부터 이제까지의 얘기이니까요." 인간의 삶이 담긴 공간은 좀 더 복합적인 이야기가 필요하다. 이러한 맥락으로 기획된 전시 「김중업 다이얼로그」는 김중업을 관통하는 사유의 여러 측면들을 넘나들면서 그의 건축과 새로운 대화를 나누기 위한 자리이다. 그의 작품을 조형 언어로 분석하는 데서 나아가 1950년대부터 88서울올림픽 직전까지 활발한 작품 활동으로 시대에 보냈던 '소란스러운 사인'을 읽어 보려는 시도다.

이 사인(sign)에서 '예술'은 중요한 자리를 차지한다. 특히 임시 수도 부산에서 만난 예술가들과의 협업은 그에게 작가로서 활동 기회를 주었다. 한국전쟁 중 부산은 전국에서 몰려온 예술가들이 분야에 관계없이 교류할 수 있는 최적의 공간이었다. 이러한 배경으로 김중업은 베니스에서 열린 국제예술가대회에 한국 대표의 일원으로 참가할 수 있었다. 그리고 결정적으로 여기서 만난 르 코르뷔지에의 파리 사무실에서 삼 년 이 개월 동안 근무한다. 이후 귀국하여 1956년 서울에 차린 김중업건축연구소에서 그만의 건축어휘를 확실히 구축한 작업으로 평가받는 주한프랑스대사관(1962)을 선보인다. 특히 관저 외벽 벽화는 건축, 조각, 공예 등 총체적 시각예술의 합작품이다. 이 작업뿐만 아니라 유작이 된 올림픽 세계평화의문(1988) 등 여러 작업들이 건축과 미술의 교차점에서 새로운 학술적 평가와 해석을 기다린다.

건축이 단순히 건물을 짓기만 하는 것이 아니라 문화적 영역에서 실천할 수 있는 것으로 받아들여지기까지 건축가 김중업의 역할은 매우 컸다. 이는 앞서 언급한 것처럼 김환기, 이중섭 등 예술가들과의 네트워크를 기반으로 문화계 중심인물로 활동하며 건축의 위상을 높였던 그의 이력 때문이다. 갑작스런 변화로 보일지 모르지만, 바로 이러한 토대 위에서 한국을 대표하는 도시적 규모의 상징적인 작업들도 실행할 수 있었던 것이다. 전쟁의 잔해를 털어 버리고 한국의 수도를 빛낸, 당시 가장 높은 건물이었던 삼일빌딩(1970) 같은 작업이 그 증거물이다. 이 외에도 도큐호텔(현 단암빌딩, 1970), 중소기업은행 본점(1987), 갱생보호회관(현 안국빌딩, 1968) 등 서울 도심 안에 당대 기술과 자본을 응집시킨 많은 빌딩을 짓게 된다. 흔히 김중업 건축하면 어렴풋이 떠올리는 근대 조각 같은 자체 완결적인 건물뿐만이 아닌 셈이다. 또한 그는 1980년대 전국으로 확산된 지방 도시의 방송국이나 아트센터 같은 문화시설을 대부분 설계했다. 1970-1980년대 한국 사회의 성장과 분화에 따라 김중업은 병원이나 쇼핑센터 등 전에 없던 새로운 기능을 담는 건물들도 작업했다. 급변하는 한국의 여러 도시 안에서 사회적 변화를 이겨낼 수 있는 힘을 가진 이상적인 공동체 공간을 만들고자 했다. 비록 실현되지는 못했지만, 바다호텔(1980)이나 민족대성전(1980)과 같은 미래주의적이고 유토피아적인 말년의 프로젝트에서 그 열정을 엿볼 수 있다. 김중업 역시 전 세계적으로 논의되었던 미래주의 계획안들과 발맞추고 있었던 셈이다. 빠르게 변하는 현대 생활에 맞게 이동과 변형이 가능한 구조와 이를 가능케 하는 최신 기술, 에너지에 대한 지속가능성 등 인류가 꿈꾸었던 여러 이상을 건축을 통해 구현하고자 했다.

「김중업 다이얼로그」는 이처럼 김중업의 작품을 단선적 연대기순으로 펼치는 데 그치지 않고 작품을 둘러싼 사회문화 전반의 복합적인 관계망을 펼쳐내고자 했다. 이에 따라 우리는 그의 초기 작업 안에 공존했던 상반된 가치인 '세계성과 지역성'에 먼저 주목했다. 그리고 항상 김중업 건축의 개념적 중심에 있던 '예술적 사유와 실천'이 무엇인지 들여다보았다. 그의 건축을 '도시'라는 문맥을 통해 보다 넓은 시선에서 살펴보고자 하는 '도시와 욕망'이라는 주제어도 설정했고, 마지막으로 '기억과 재생'이라는 이슈로 지어진 지 삼십여 년이 모두 넘은 그의 건축을 건축의 수명, 도시 재생, 현대적 문화유산의 보존 문제 등 건축의 시간성을 둘러싼 최근의 중요한 논의들로 짚어 보려 했다.

전시와 함께 출간된 이 책은 김중업의 지평을 넓히기 위한 또 다른 기획이다. 김중업건축박물관에 소장된 완공 직후에 기록된 자료들과 이에 대응하는 지금 김중업 건축의 모습들이 병치된다. 김태동, 김익현 등 사진가들이 새롭게 촬영한 사진과 과거 이미지의 대비는 건축에 담긴 시간의 힘을 질문하게 한다. 기존의 건축작품집이 주로 인적이 사라진 멀끔하고 텅 빈 공간을 담고 있다면, 이 책은 건물 앞에 선 건축가, 과거와 현재 이용자들의 모습을 함께 담아 인간의 삶이 살아 숨 쉬는 공간으로 보여 주려 했다. 앞서 말한 김중업의 산문을 시각적으로 드러내려는 의도이기도 하다.

이 책의 또 다른 중요한 지점은 이미지 사이사이에 삽입된 김중업의 발언들이다. 그의 말은 작게는 집에 대한 알뜰한 생각부터 당대 도시계획을 향한 날선 비판까지, 예술과 전통의 계승, 후세를 위한 격려, 건축가의 책무, 미래주의적 환상 등 다양하게 포진해 있다. 때로 세상을 향해 웅변하듯 토로하는 거친 말들은 그만큼 모든 바람이 실현되기 어려웠음을 방증한다. 그의 말과 실천은 한편으로 시간 앞에 약하게 버티고 있는 우리 사회 속 건축과 건축가의 운명을 떠올리게 한다.

함께 수록된 에세이는 김중업을 바라보는 네 가지 시선으로, 완결된 연구라기보다는 다음 단계의 시작을 여는 글들이다. 한국 현대건축사에서 김중업이 점유하는 위치를 진단하는 건축역사학자 김현섭의 글 「신화를 넘어서: 김중업 건축 다시 보기」, 1950년대 문화지형도에서 종합 예술을 실천했던 김중업의 면모를 밝히는 미술사학자 조현정의 글 「예술로서의 건축, 작가로서의 건축가: 김중업과 1950년대 한국 건축」이 전시와 책 두 매체를 오가는 비평의 토대가 된다. 「현세의 비루함과 격투한 모더니스트: 김중업과 그의 시대」를 쓴 이세영 『한겨레』 정치부 기자는 경제개발이 가속화된 1960년대의 사회·정치적 배경 속에서 한국 현대건축과 김중업 건축을 조명한다. 마지막으로, 「새로운 가치와의 공존: 김중업의 건축 유산과 현장」에서 김중업 연구의 중요한 구심점이 될 김중업건축박물관의 현황과 역할, 앞으로의 과제 등을 고은미 학예사가 이야기한다.

무엇보다 이 책은 김중업 생전 출간된 유일한 작품집이자 그가 아낌없는 시간과 애정을 쏟은 『김중업: 건축가의 빛과 그림자』를 거울처럼 비춘다. 2018년 새로 엮은 『김중업 다이얼로그』는 1984년 열화당에서 나온 이 책과 호응하며 김중업을 향한 또 다른 대화의 문을 연다. 삼십사 년 전 책이 작가 스스로가 남긴 충실한 연대기적 서술이라면, 『김중업 다이얼로그』는 그 유산을 오늘의 연구자와 이미지 제작자, 전시기획자, 편집자와 디자이너가 재구성한 작업이다. 이 책은 김중업을 둘러싼 모순되고 중첩된 여러 이야기를 폭넓게 풀어헤친 것으로, 앞으로의 심화 연구를 위한 선행 작업이다. 그가 남긴 아카이브 중 해석을 기다리는 자료들은 여전히 많지만, 이 책은 건축에 복무했던 한 예술가가 보여 준 건축과 예술, 주변 사회적 관계망에 대한 대화의 시작이라는 데 의미가 있다.

그가 설계한 건축물은 일부 이미 철거되어 사라졌거나 처음 기능과는 다른 용도로 리노베이션되었다. 이 책을 만들고 있는 순간에도 변화는 진행 중이다. 한국에서 건축물의 수명은 삼십 년이 채 되지 못하는 사실에 미루어 볼 때 그의 작업은 이제 또 다른 기로에 서 있는 셈이다. 공교롭게 김중업이 떠난 지 삼십 년이 되는 지금, 그가 남긴 건축은 시간이라는 무대 위에서 위태로운 연기를 펼치고 있다. 등장인물로 얼굴을 다시 내미느냐 아니면 퇴장하며 사라지느냐. 이 중요한 시점에 우리는 운 좋게 김중업이라는 건축가를 새롭게 마주할 기회를 얻었다. 김중업뿐만 아니라 최근 우리 사회에 재빠르게 흘러가는 '재생'이라는 화두 속에서 1세대 작가들이 남긴 유무형의 유산을 어떻게 자리매김해야 하는가 하는 과제가 우리에게 남겨졌다. '잊히고 싶지 않다'며 자신의 건축이 시간을 견뎌내 주길 기원했던 그의 바람대로, 우리는 김중업을 기록하는 일을 전시와 책으로 담아냈다.

2018년 9월
국립현대미술관 학예연구사
김형미, 정다영

Kim Chung-up
Dialogue

'Convergence' is one of main issues in 21st-century Korean society. Pushing the boundaries through cross-pollination is no longer unusual. 'Curation', which was once a word confined to the art world, is now commonly used in everyday life. The term 'collab' or 'collaboration', which was once confined to the fashion world, has become a familiar way to describe collective art projects in contemporary art. Some of these changes mirror how Korean society has evolved since modernization. The National Museum of Modern and Contemporary Art, Korea (MMCA) has been monitoring the rise of collaboration and hybridity, not only in conventional art but also in adjacent mediums such as architecture, design, and film since 2010. We aimed to show that Korean society is an optimal environment for these disparate phenomena to converge. Therefore, our first priority was to reflect on moments from our past that, even though they are own stories, have been overlooked. This is why we placed Kim Chung-up (1922-1988), not an artist but rather a first-generation Korean modern architect, in the middle of our museum now, at a time when multiple international biennials are opening in a number of cities across Korea in 2018.

What is the message left by this architect who has long passed away? Ironically, Kim Chung-up's words are more pertinent today than they were when he uttered them. With the exhibition *Kim Chung-up Dialogue* and this accompanying book, we share his thoughts and practices in the context of contemporary art. We approached his work by posing questions about the interactions between architecture and art, such as 'art doing architecture' or 'architecture doing art'. Aspects including formative ideas and the language of art, agony about the artist's subjectivity, criticisms of reality, and issues of memory and history, are what interested Kim Chung-up and his contemporaries in the 1950s. Following the Korean War (1950-1953) others wanted to talk about 'construction', but he wanted to talk about 'architecture'. At a time when most ordinary citizens were trying their best to rebuild the nation, his contribution as one of the first generation of Korean modern architects was to redefine architecture as an artistic form in a country that was completely ruined by war. This exhibition intersperses his creative accomplishments with diverse images of our rapidly changing society.

A historic figure who represents Korean modern architecture and the only Korean apprentice of Le Corbusier; the unfortunate architect who was expelled from his nation unlike another Korean architect, his great rival, Kim Swoo Geun (1931-1986); a man who dreamed of becoming a poet but became an architect, whose critics described his architecture as poetry assembled with forms rather than words—these are three common tropes that describe Kim Chung-up's legend. However, in a talk on his return to Korea in 1979 after having lived abroad and now in his late fifties he said: "Our society has changed. We should send signs more proactively and be louder. In other words, architects who used to write poems should now begin to write prose." We focused on Kim Chung-up's changing attitude towards architecture. His comment about shifting from 'poetry' to 'prose' informs our attempts to reinterpret his work in the context of contemporary arts and culture. Rather than simply admiring him as a legendary figure of Korean architecture on the 30th anniversary of his death, we wanted to evaluate his career based on facts and evidence. His comment is also connected to the reasons why we should pay more attention to his buildings in urban areas, residential houses, culture and commercial spaces, and the utopian plans of his late career. These have all been relatively under-appreciated and overshadowed by the form of his symbolic architecture. "I would like to write a novel. Architecture is ultimately a story of humans from their beginning until now. It is part of ecology," said Kim Chung-up. Spaces that hold people's lives need a longer story. Curated with this in mind, Kim Chung-up Dialogue is an exhibition that seeks to have conversations with his architecture, crossing various aspects of thinking provoked by the architect. It is important to analyze his buildings in terms of the language of architecture, but this exhibition pays more attention attempting to read 'the loud signs' sent by him over his productive career that began in the 1950s and continued until his death just before the 1988 Summer Olympics in Seoul.

Art is very important in these 'signs'. His interactions with artists and writers who he met in Busan when it was the temporary capital city during the Korean War influenced him a lot. During that period Busan was the best place to network with many artists from all across the country, regardless of art form. From there he had the opportunity to travel to Venice, Italy as a Korean delegate for the International Conference of Artists. In Venice he met Le Corbusier and went on to work in Le Corbusier's atelier in Paris for three years and two months. After that he returned to Korea in 1956 and launched Kim Chung-up Architecture Research Institute in Seoul, and went on to design perhaps his best-known project that shows off his unique language of architecture: the French Embassy in Korea. The mosaic on the outside wall of the French Ambassador's Residence is a composite collaboration of total visual art, melding architecture, sculpture, and crafts. More of his projects including his last, the Olympic World Peace Gate in Seoul, await new academic evaluation and interpretation at the intersection of art and architecture.

Kim Chung-up played a huge role in getting architecture recognized as an artistic form in Korea, not simply the construction of buildings. As mentioned earlier, this is due to his experiences as a figure who was at the center of the arts and culture scene due to his personal network with artists such as Kim Whanki and Lee Jungseob. It may seem like a sudden change, but on these foundations he was able to complete major projects that came to symbolize Korea in the modern era. His buildings such as Samil Building, the tallest building in the country in the 1970s, replaced the images of the war and added shine to Seoul. Following that tower he began to build many more buildings that combined cutting-edge technology and huge capital in Seoul's urban areas including Tokyu Hotel (now Danam Tower), Headquarters, Industrial Bank of Korea (IBK), and Korea Rehabilitation Agency (now Anguk Building). These buildings show that he did not just design modern sculpture-like buildings that many people associate with him. He also designed numerous cultural facilities such as broadcast stations and art centers, which were spreading across the country in the 1980s. In step with the growth and fragmentation of Korean society in the 1970s and 1980s, he designed buildings with functions that were relatively new, including a gynecology clinic and a shopping center. He even wanted to make an ideal community space that contained power to overcome rapid societal changes in many cities. Although not realized, futuristic and utopian projects such as the BADA Floating Hotel and the Nation's Palace added color to his later years. These latter projects show that Kim Chung-up had caught up with Futurist architecture, which was being discussed globally at the time; he wanted to realize various ideas that humans had dreamed of such as sustainable energy, mobile and flexible structures suitable for rapidly changing modern life, and the technology that enables them.

Kim Chung-up Dialogue aims not only to unfold his work in a chronological order, but also to reveal the complex socio-cultural context within which his work was created. Accordingly, we first focused on the contrasting values of 'globalism and localism', which coexisted in his early work. And we looked at the 'artistic thinking and pràctice' that was always at the center of Kim Chung-up's conception of architecture. The 'city and desire' section looks at his work from a broader perspective in the context of the modern city, and finally the 'memory and regeneration' section combines Kim Chung-up's buildings—all of which are over 30 years old now—with contemporary discourse surrounding architecture and memory, including the life span of buildings, urban regeneration, and how we preserve modern cultural heritage.

Published to coincide with the opening of the exhibition, this book is another project to broaden our understanding of Kim Chung-up and his legacy. Photos of his buildings from when they were completed, now housed at the Kimchungup Architecture Museum, are juxtaposed with images of the same building from the present day. Comparing the new photos taken by photographers, including Kim Taedong and Gim Ikhyun, and the photos taken decades ago provoke questions about how architecture accumulates power over time. While conventional architecture monographs usually have photos of sleek and empty spaces, this book tries to capture how the buildings have touched people's lives by including the architect and occupants from the past and present to visually reveal Kim Chung-up's 'prose'.

Another important feature of this book is Kim Chung-up's statements between images. From frugal ideas about homes and housing to criticism of urban planning in the past, he shared his opinions on various topics including succession of arts and traditions, encouragement for future generations, the responsibility of architects, and futuristic imaginations. His unrefined comments sometimes sound like him railing against the world and were not always actionable. On the other hand, his words remind us of the destiny of architects in our society who agonize over the fate of their buildings as time ticks by.

This book offers four different perspectives on Kim Chung-up which we hope will open up a dialogue as to what the next stage of research about his legacy could be. In "Beyond the Myth: Revisiting Kim Chung-up's Architecture," architectural historian Kim Hyon-Sob explores where the architect can be placed in the canon of Korean modern architecture. In "Architecture as Art, Architect as Artist: Kim Chung-up and Korean Architecture in the 1950s," architectural historian Cho Hyunjung describes him as the architect who pursued the ideal of total art from his roots in the 1950s arts scene. These two essays became the basis for criticism that shaped both the exhibition and this book. In "The Modernist's Struggle Against his Generation: Kim Chung-up in His Era," journalist of *The Hankyoreh* newspaper Lee Seyoung writes about Korean modern architecture and Kim Chung-up's work in the socio-political context of the 1960s. Finally, in "Embracing New Values: Kim Chung-up's Architecture Legacy," Ko Eunmi, the curator of the Kimchungup Architecture Museum, discusses the status, role and vision of her institution, which will be pivotal to future research of the architect.

This book also reflects upon Kim Chung-up's only monograph published before his death, *Kim Chung-up: The Light and Shadows of the Architect*. He is known to have devoted much time and effort to the publication. *Kim Chung-up Dialogue* published in 2018 opens up a new gateway to conversations and interacts with the monograph published in 1984 by Youlhwadang Publishers. While the book published 34 years ago is a chronicle overseen by the architect himself, *Kim Chung-up Dialogue* is an attempt to rearrange his legacy by today's researchers, image producers, curators, editors and designers. This book gathers a wide range of various conflicting and overlapping stories about the architect and we hope it serves as a platform for further research. While there are still many documents waiting for interpretation in his archive, the purpose of this book is to begin a dialogue on architecture, art and the social network of the artists who pursued architecture.

Some of the buildings he designed have already been torn down, or are being renovated to serve a different purpose from what they were designed for. His work is now at another crossroads, judging by the fact that the life span of buildings in Korea is usually less than 30 years. On the 30th anniversary of his death, his remaining buildings are walking a fine line between re-emerging as main characters or leaving the stage. At this critical juncture, we were grateful to have a chance to highlight Kim Chung-up through MMCA's exhibition. We have a task to figure out how to cement the legacies of not only Kim Chung-up but also many other first-generation modern architects amid the rapid 'regeneration' of our built environment. According to the wishes of Kim Chung-up—who wanted his buildings to endure through time saying "I don't want to be forgotten"— we created this exhibition and book to record him in history.

September 2018
Curators, National Museum of Modern and
Contemporary Art, Korea
Kim Hyoungmi and Chung Dah-young

차례

비평 Critique

부록 Appendix

Architecture

건축

建築

산다는 것이
그 얼마나 아름답고,
삶을 담은 그릇이란
얼마나 믿음직스러운가…

지상에서 명상과
꿈보다 더 우리를
행복하게 해 주는
것은 없습니다.
단조로운 동선의
세계인 일상생활에
새로운 의의를
주어 본다는 것이
얼마나 즐거운
작업이겠습니까.

집이란 크다고만 편한 것도 아니며,
자그마한 집이라도 정성이 깃든
집이라면 편한 것이다. 쓸모라는
것도 마음가짐에서 오는 것이라고
말할 수 있지 않을까 싶다. 자그마한
공간일망정 구석구석이 잘 짜인
집이라면 큰 공간 부럽지 않다.

집이란 아름다워야 한다.
그 속에 시정(詩情)이
흠뻑 담아져야만 한다.
내 집이라는 뜨거운 애착이
솟아오르는 개성있는
조형이어야 한다.
공간의 짜임새가 사는 이의
혼과 공감을 일으켜야
하잖은가.

민가(民家)를 오늘에 살리기
위해서는 민가가 지녀온
근원을 살펴 그 추상성을
새로운 시각언어로 번역
흡수하여 좀 더 구체적인 자신의
구성수법으로 승화해야 한다.
표면적인 아름다움을 내면적인
상징세계로 이끌어 올리는
진실된 작업이 이루어져야
비로소 현대조형의 새로운
공간은 창조될 수 있으리라.
건축공간이란 상징성이 강하면
강할수록 멋이 넘쳐흐르기
마련이기에.

주생활(住生活)의 혁명적인 변화는
단순히 재산적 가치로서 집을 갖는다는
욕심으로부터 능률적인 생활의 방향으로서
주생활을 해야겠다는 사실로 옮겨지는 과정이다.
옛날 같으면 고대광실(高臺廣室)의 호화로운
규모를 시위했으나 요즘에 와선 그렇질 않다.
주택의 발전은 규모에서 나타나는 것이 아니고
능률화와 쾌적함으로 나타난다. 그러므로
주택이 더욱 쾌적하고 능률적이기 위하여는
실내장식이라는 개념이 아니라
실내장치라는 개념으로 바뀌지 않을 수 없다.

현대생활에서 바람직스러운
공간의 아름다움은 금욕적인
추상의 빈곤함이 아니라
오히려 자신의 체취가 물씬
풍기는 상징의 보금자리에서
새롭게 찾아져야 한다.

석관동 한씨 주택
Han's Residence, Seokgwan-dong, Seoul

'人'자집, 또는 '불란서집'이라고도 불리는 이 주택은 노원구에 위치한
지하1층, 지상1층, 연면적 141.9평방미터 규모의 벽돌조 건물이다.
한 작곡가의 의뢰를 받은 김중업은 지붕의 조형적 의미에 대해 많이
고민했고, 우리 전통의 정감 어린 '선(線)'을 강조하고자 지붕을
'人'자형으로 올려 집의 여러 공간에서 만나는 자연과 조화를 이루게
했다. 골슬레이트로 덮은 지붕이 현장에서 시공할 수 있는 각도에 맞춰
'人'자와 같은 형체를 나타내게 되었다고도 한다. 부엌을 겸한 거실에
연이어 서쪽에는 서재, 동쪽에는 침실과 자녀방, 중앙에 욕실, 그리고
북쪽에 작업실이 있다. 예산과 대지 조건이 좋지 않았지만 김중업은
"교양이 배어 밉지 않은 집, 계절에 따라 표정이 바뀌고, 사는 이의 정감이
흠뻑" 담긴 집이 되도록 애썼으며 "우연치 않게 많은 이야기들이 오고 간,
내 젊음의 한 단면을 보여 주는 애착 가는 작품"이라고 했다.

서울
1958—1964

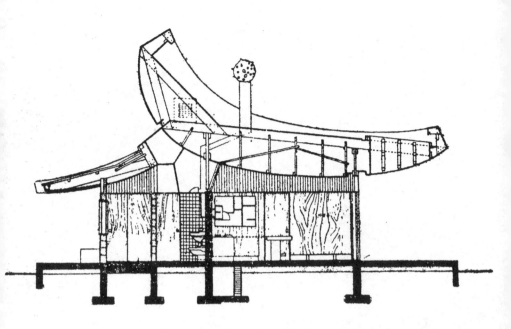

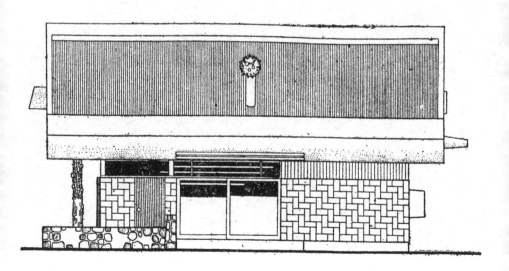

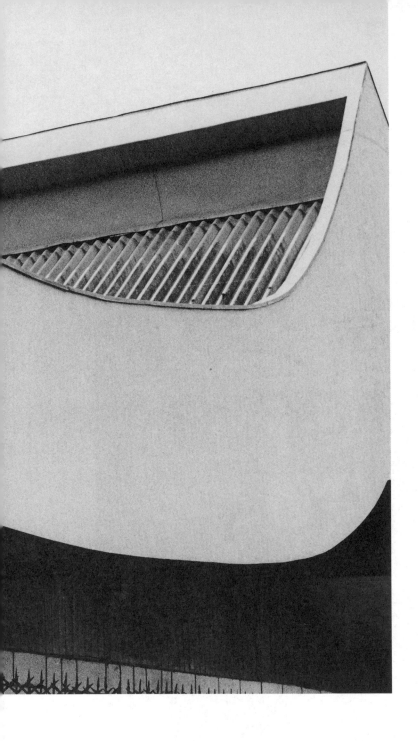

한남동 이씨 주택 I
Lee's Residence I, Hannam-dong, Seoul

지하1층, 지상3층, 연면적 320.1평방미터의 철근콘크리트조 건물이다.
완공 후 주한네덜란드대사관저로 잠시 사용되기도 했다. 집 내부에
휘감아 올라가는 계단실이 특징이다. 이는 이후 김중업이 1980년대
설계한 주택에서 공통적으로 드러나는 건축 요소로 자리잡게 된다.
건축주는 이 건물을 포함해 세 채의 주택 설계를 김중업에게 맡겼고,
아나아트센터와 아나백화점의 설계안도 의뢰했다. 김중업은 개인 주택을
많이 의뢰받아 작업했지만, 현존이 확인되는 것은 많지 않다.
이 집은 외관이 크게 달라지지 않은 채 남아 있어 설계 당시 모습을
짐작할 수 있다.

서울
1966—1968

한남동 이씨 주택 II
Lee's Residence II, Hannam-dong, Seoul

김중업이 1978년 오랜 해외체류를 마치고 귀국한 이후 의욕적으로
작업한 건물이다. 지하1층, 지상2층, 연면적 317.13평방미터의
철근콘크리트조 건물로 현재는 철거되었다. 이 건물은 원형과 타원형의
매스가 연결되어 있고 그 위에 부드러운 선의 지붕이 덮여 전체적으로
둥근 공간을 이루며 풍요로운 분위기를 낸다. 김중업은 이 집에 대해
다음과 같이 이야기했다. "이 집은 내가 살고 싶은 집이다. 둥근 공간이란
더없이 풍부한 것. 한강이 훤히 내려다보이는 위치에 초가집에서 느끼는
부드러움을 옮겨 담았다. 울고 싶을 때 한껏 흐느낄 수 있는 아늑한 공간,
손들과 밤새 벽난로의 화사한 불꽃을 받으며 색유리를 통해 비친 달빛에
취하며 오손도손 이야기꽃을 피우는 공간, 에워싼 많은 꽃들이 향기로운
내음을 풍기는 우리네들만의 공간. 있는 그대로의 자연 속에 또 하나의
수놓는 작업이었다."

서울
1980

51

성북동 이씨 주택
Lee's Residence, Seongbuk-dong, Seoul

성북동 중턱에 자리잡은 이 주택은 건축주 부부의 딸 이름을 붙인
'지은이네 집'으로 알려져 있다. 지하1층, 지상2층, 연면적 326.7평방미터
규모의 철근조적조 건물이다. 1층은 그림을 그리는 딸의 아틀리에와
거실, 부엌, 식당 등 공용 공간이 자리하고, 2층은 침실 등 개인 공간이
있다. 서병준산부인과의원과 같이 '증식하는 원' 개념으로 설계된 이 집은
1960년대에 지어진 김중업의 초기 주택에 비해 자유롭게 흐르는 개방된
평면을 보여 준다. 고정된 벽보다는 바닥의 재료나 가벼운 이동식 벽을
이용해 내부 공간을 적절하게 분할했다. 김중업의 주택에서 자주 보이는
유리 온실이 집 중앙부에 설치되어, 건물 1층 중앙부에서 바로 접근
가능하도록 했다. 외부 마감은 돌과 벽돌 두 가지 재료로 했는데, 출입구 쪽은
돌로, 나머지는 벽돌로 치장했다. 벽난로와 굴뚝, 집 중앙부에 휘몰아치는 듯
돌아가는 계단실 등 김중업의 주택에 자주 보이는 건축 요소들이
잘 구현되어 있다. 현재 이 집은 외부와 내부 공간 모두 준공 당시와
크게 다르지 않은 모습으로 남아 있다.

서울
1984

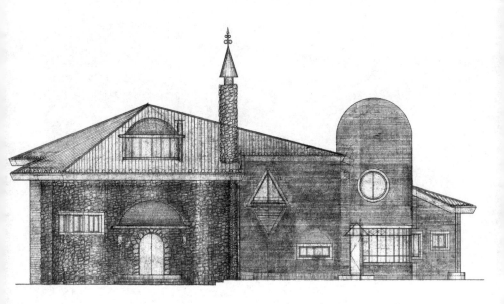

청평산장
Sul's Lakeside Villa, Gapyeong

청평 호반에 자리잡은 주말 별장으로, 거실, 주방, 두 개의 방으로
구성된 지상1층, 연면적 141.9평방미터의 석조 건물이다. 산과 호수의
주변 자연과 어우러지도록 외벽은 호박돌로 쌓아 올리고, 동남쪽으로
유리벽을 두어 풍경을 시원하게 조망할 수 있게 했다. 사선으로 곧게 뻗은
지붕은 곡선을 적용한 다른 건축물 지붕과 더불어 지붕 형태에 관심을
둔 김중업의 다양한 시도 중 하나다. 오솔길과 개울 사이에 나무다리를
만들고, 우물마루의 난간 일부를 개울에 걸쳐 두어 계곡의 물소리와
전망을 즐길 수 있게 배려했다. 김중업은 우리네 옛 장인들이 모두 다른
형태와 짜임새의 민예품을 만들었듯이 건축 역시 각기 다른 얼굴과
목소리를 가져야 한다며, 자연에 바친 조촐한 작품이라고 스스로 평했다.

가평
1962

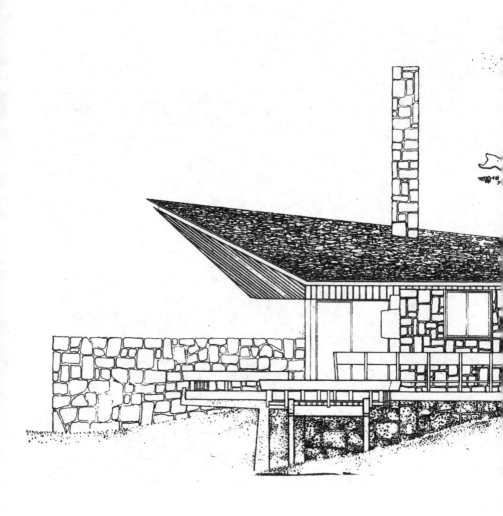

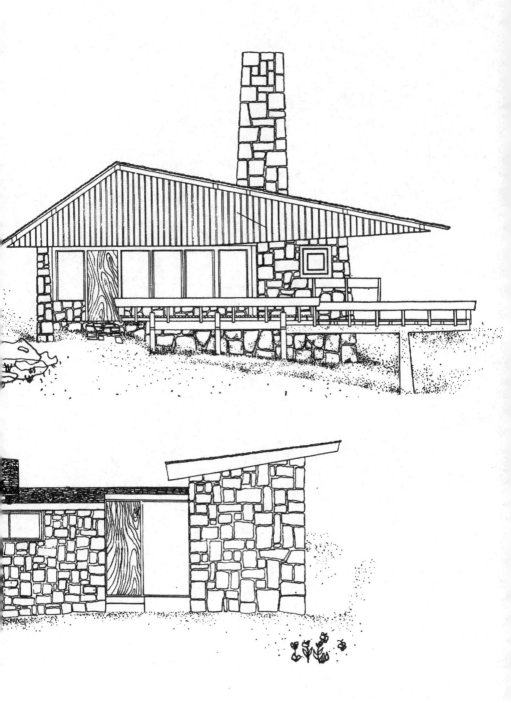

성북동 F.N.C.B 한국대표 주택(현 한국씨티은행 뱅크하우스)
Manager's Residence, First National City Bank
(now Bank House, Citibank Korea), Seoul

성북동 꼭대기에 있어 남산을 비롯해 서울 풍광을 전체적으로 조망할
수 있는 집이다. 날카로운 예각의 지붕이 특징으로, 이러한 지붕의
독특한 조형언어는 청평산장 등 1960-1980년대 김중업의 작품에서
반복적으로 나타난다. 2000년대 초까지 한국씨티은행 지점장이
거주했고, 지금은 뱅크하우스라는 이름으로 은행 직원과 고객을 위한
공간으로 사용된다. 지하1층, 지상2층, 연면적 627평방미터의 석조
건물이다. 현재는 용도 변경으로 벽난로 외에는 실내 공간이 많이 변했다.

서울
1967

가회동 이씨 주택
Lee's Residence, Gahoe-dong, Seoul

가회동 경사지에 자리한 지하1층, 지상3층, 연면적 925.62평방미터의
철근콘크리트조 건물이다. 르 코르뷔지에(Le Corbusier)의 '쇼단
저택(Villa Shodan)'과 비슷한 외형이나, 그에 비해 지붕이 크고
기둥이 두드러지게 노출되었다. 김중업은 이 건축을 역작이라 스스로
평했으며, 다음과 같이 기록했다. "오밀조밀한 환경에 탁 트인 전망을
가진 대지 조건이어서 우주 속에 소우주를 담는 기분으로 작업에 임했다.
서쪽은 경사진 숲이었으며 남쪽은 반을 우리 전통방식인 담으로 막아
완충공간을 구성하여 휴먼 스케일을 이루고 있다. 나는 이 주택에서
질서와 평화와 공존하는 우리의 멋을 한껏 살리려고 애썼다." 개인
주택으로는 규모가 큰 편인데, 준공 후 1970년부터 1981년 초까지
이탈리아대사관저로 임대되었다가 1983년부터 1990년까지
한국미술관으로 사용되었다. 1993년 한국미술관이 용인으로
이전하면서 개인에게 매각되었고, 2011년 서울옥션에 건축물 최초로
경매에 나와 관심을 받았으나 유찰되었다. 지금은 개인 주택으로
사용된다.

서울
1967—1968

참다운 인간만이 참다운 시인일 수 있고
충실한 인간만이 보람있는 일을 남겼다.
아름다운 건축을 창조하려면
먼저 너의 마음씨가 아름다워야 한다.
인간은 교양이 높고, 정의감이 강해야만
올바른 일을 한다.
건축에 있어서도 작품 활동이란
일생 자화상을 그리는 작업인 것이다.

건축이란
인간이 자연에 시도하는
가장 웅장하고 보람 있는
창조에의 길이라는 것을
꼭 잊지 말아다오.

현대건축에는 헤아릴 수 없이
많은 종류의 건물들이 있다.
사무소, 학교, 병원 그리고
데파트 등. 그러나 현대
자본주의 사회에 있어서는
이러한 건축이 현대적이며,
현대적일수록 공장과 같은
성격을 띠게 마련이다.
여기에 요구되는 것은
기능성이며 경제성이다.

유년 시절에 시를 쓰고
그림을 그렸던 것이
큰 영향을 준 것 같아요.
시라는 것은 일종의
자기 고백이고,
그림은 사물을 명확히 보고
새롭게 재현시켜 주는
수단이기 때문이죠.

탐라 젊은이들에게
높고 깊은 꿈을 심어 주기
위해서였고, 오밀조밀하고
예쁜 제주도에 깔끔하고
날씬한 또 하나의 자연을
심기 위하여…

만의 하나의
확률 속에
생애를 불태우는
뚜렷한 의지와
작렬하는 행위.
전신전령의
몸부림.

일생이란 찰나에
불과하기에 더욱더
소중하다고 느끼며
인간이란 무엇과도
바꿀 수 없는 존재이기에
이를 담는 그릇인
건축이란 이를 데 없이
아껴야 하고 다듬어
뒤에 오는 이들을 위해
두 손 받혀 넘겨줘야
하리라.

부산대학교 본관(현 부산대학교 인문관)

**Administration Building, Pusan National University,
(now Humanities Building, Pusan National University), Busan**

김중업은 프랑스에서 귀국 후 1950년대에 세 개의 대학 건물을
설계하는데, 이는 그중 첫 작업이다. 지하1층, 지상5층, 연면적
2,631평방미터의 철근콘크리트조 건물로, 1956년 설계를 시작해
1957년 9월 착공, 1959년 10월 준공되었다. 완공 당시 대학
정문이었으나 현재 '무지개문'이라 불리는 아치형 구조물과 그 옆의
경비실을 함께 설계해 1957년 완성했다. 금정산의 지형에 따라 'ㄴ'자
형태이며 1층 일부를 제외하고는 필로티 구조로 사람들이 자유롭게
가로지를 수 있게 했다. 조형적 요소로 강조된 내부 계단이 특징인데,
계단실 앞쪽이 유리로 되어 캠퍼스 전경이 파노라마처럼 시원하게
펼쳐진다. 규칙적 모듈에 의한 평면 구성, 높은 층고, 전면의 유리창,
후면의 모자이크 창 구성 등은 스승 르 코르뷔지에의 스타일이 많이
반영되었다. 준공 당시 1층은 문리대, 2층은 총장실 및 대학본부와 법대,
3층은 상대 등으로 사용되었다. 1996년 내부 개보수 공사를 진행했으며
2004년 8월부터 이 년간 원형복원을 위한 리모델링 공사를 거쳐,
현재 부산대학교 인문관으로 사용된다. 2012년에 '부산시 근대
건조물'로 지정되었으며, 과거와 현재 모습들은 부산대학교 기록관이
소장하고 있는 부산대학교 건립사에 십 년 단위로 기록되고 있다.

부산
1956—1959

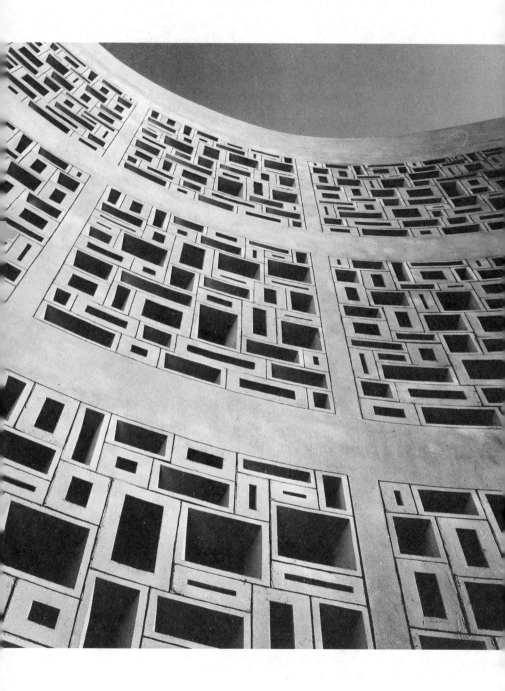

건국대학교 도서관(현 건국대학교 언어교육원)
Konkuk University Library
(now Konkuk University Language Institute), Seoul

지상4층, 연면적 4,125평방미터의 철근콘크리트조 건물로 캠퍼스
언덕에 위치해 학교 전체 풍경을 조망할 수 있다. 1956년 설계를 시작해
1957년 착공, 1958년 준공되었고, 1976년 열람실이 증축되었다.
현재는 건국대학교 언어교육원으로 사용된다. 도서관의 기능 때문에
여러 차이점은 있지만, 기본 형태는 파리의 유네스코 본부 건물(마르셀
브로이어, 1952)에서 영감을 얻은 것으로 보인다.
건물 중앙의 원형 공간을 축으로 하여 'Y'자형으로 세 개의 날개가 외부로
뻗은 형태로 본체에 둥근 지붕을 얹어 강한 조형성을 드러내며, 곡면의
매스와 외부의 촘촘한 멀리온(mullion) 창들이 건물의 율동감을 전한다.
그러나 세 개의 날개가 뻗어 있는 모양이 초기 계획에서 변경되는 등
건축가의 설계 의도와는 다르게 시공되었다.

서울
1956

서강대학교 본관
Administration Building, Sogang University, Seoul

노고산 능선에 평행해 세워진 지하1층, 지상4층, 연면적 4,183.63평방미터의 철근콘크리트조 건물로, 이전 작업에 비해 엄격한 비례, 면 분할, 지형과 조화를 이루는 형태가 뛰어나다. 정면에서 봤을 때 오른쪽의 격자 형태 외부 차양막(브리즈-솔레유, brise-soleil)은 오후가 되면 건물 내부로 깊숙이 파고드는 햇빛을 막기 위해 설치됐다. 정교하게 계산된 차양막의 각도 때문에 내부에선 시시각각 빛의 흐름을 느낄 수 있다. 다소 평범해 보일 수 있는 왼쪽 업무동 건물의 핵심은 지붕층이다. 모서리가 하늘로 치켜선 상층부의 조형으로 건물이 한층 날렵해 보여 시선을 끈다. 르 코르뷔지에의 영향에서 벗어나 자신만의 건축언어를 찾고자 애쓰던 시절의 작품이나, 모듈러 이론 등 그의 영향이 여전히 드러나 있다. 김중업 자신도 고백했다. "아직 르 코르뷔지에의 체취에서 벗어나지 못해 그의 영향에서 한시 바삐 벗어나 혼자의 힘으로 걷고 싶어 하던 처절한 시절이었다. 구석구석에 르 코르뷔지에의 건축 언어가 두서없이 엿보이는 건 당연한 일이리라." 준공 당시 있었던 굴뚝은 현재 철거되고 없다.

서울
1958—1960

제주대학교 본관
Administration Building, Jeju National University, Jeju

오일륙 직후 제주대학에 부임한 문종철 학장의 의뢰로 지어진 건물로,
지하1층, 지상3층, 연면적 2,050평방미터의 철근콘크리트 구조다.
건축주와 김중업은 "한라산 줄기를 타고 제주 앞바다에 이르는 용두암,
그 옆에 이상에 불타는 젊은 학도들을 위한 전당을 꾸며보자" 다짐했다.
제주도에 이런 건물을 지을 수 없다며 문교부로부터 거절당할 만큼
혁신적이었으나, 학장과 함께 설득한 끝에 거의 처음 설계 의도 그대로
실현되었다. 자타공인 '21세기의 건축', 김중업의 시적 체취가 담긴
건축이라 평가되는 독특한 작품으로, 건물 각 부분의 기능을 외부에서
알아보도록 형태화한 특징이 있다. 유람선이나 비행기를 연상케 하는
아름다운 곡선의 조형성 때문에 주한프랑스대사관과 함께 김중업의
대표작으로 꼽힌다. 1984년 보수공사를 거치며 창틀이 아치형에서
장방형으로 변하였으며, 건물 외벽 색이 바뀌었다. 1980년대 말 옥상
콘크리트에 구멍이 뚫리고 건물 기둥의 부식 정도가 심해 1992년
폐쇄되었고, 문화계의 보존운동에도 불구하고 1996년 결국 철거되었다.
김중업은 그런 앞날을 예견했던 듯 이런 말을 남겼다. "나에게도 소중한
작품이어서 오늘에 이르러 쇠퇴해 가는 모습을 볼 때 무척이나 가슴
아프다. 길이 남겨 두었으면 하는 마음 간절하다." 철거된 자리에는
제주대학교 사범대학 부설 중·고등학교가 세워졌다.

제주
1965—1969

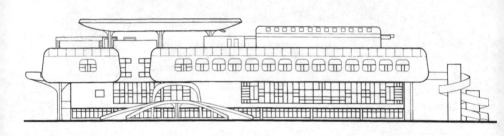

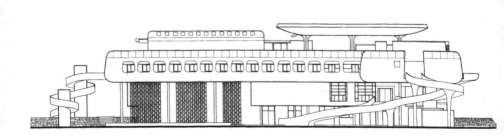

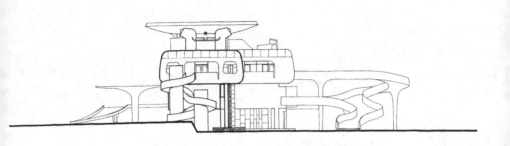

한국교육개발원 신관
New Building of Korean Educational Development Institute, Seoul

서초구 우면동에 위치한 지하1층, 지상5층, 연면적 4,868평방미터의
철근콘크리트조 건물이다. 오랜 외국생활 후 1978년 귀국해 진행한
첫 작업으로, 스스로 '흔치 않을 조형'이며, '깊은 의미를 두는 작품'이라
할 만큼 애정을 쏟았다. 김중업은 건물의 지속가능성을 위해 태양열과
풍력 발전을 실험적으로 가동해 보려 했고, 고속도로에서 바라다보이는
언덕에 위치한 점을 고려해 연구기관으로서 선도적인 면모도 드러내
보이고 싶었다고 한다. 외부는 대부분 유리와 타일로 마감했고, 기둥은
위에서 내려오는 두 개의 하중을 솔직하게 형상화한 것이다. 이 건물의
가장 큰 특징은 경사진 유리 매스 내부의 계단실이다. 각 계단을
반 층마다 안쪽으로 후퇴시켜 계단실의 전체 형태가 유리면과 어울려
연결되어 보인다. 하늘과 자연 풍광을 실내로 끌어들이는 개방감을
주었다. 유럽에 머물 때 본 이탈리아 성의 가파른 계단의 판타지에서
아이디어를 얻었다고 한다. 현재 한국교육개발원이 충북혁신도시로
이전함에 따라 이 건물은 매각 대상에 놓여 있다.

서울
1979—1982

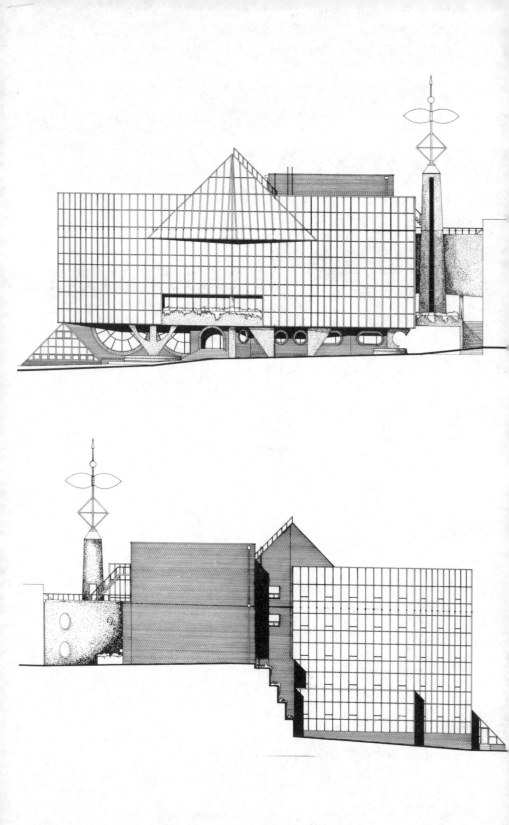

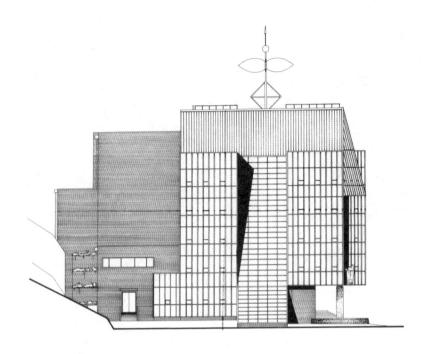

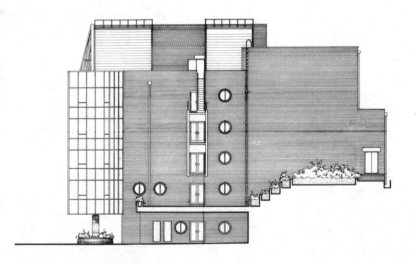

실상 건축은 음악이었다.
또한 음악은 건축이었다.
건축에 쓰이는 조형언어와 이미지가
음악과 그렇게 닮을 수가 없었다.
리듬, 멜로디, 콘트라스트 등.
그뿐이랴. 음의 높고 낮음이 던져 주는
암시는 건축 공간이 내뿜는 암시와
같은 것이어서 인간에게 던지는
감동의 강도 또한 같다.

우리나라 사람들의
비례감각이란
형용하기 힘들 만큼
깔끔하고 예뻤다.

둥글다는 것은 우리나라의 풍토와
깊은 관계가 있습니다.
우리의 산이나 강은 부드러운 선이에요.
현대의 건축물에 있어 둥근 공간이라는
것은 재료나 공법도 다르고 보기에도
새로운 것이지만, 바로 한국적인
우리의 것이 아닌가 해요.

대우주의 둥근 선을
살짝 오려낸 듯한 부드러운
곡면의 지붕의 둥근 선,
추녀의 치솟은 선만 하더라도
대륙의 치켜올린 선도 아니고
섬나라의 한일자[一]로
잘라 버린 선도 아닌
아주 품격 높은 모습을 하고
있다. 이 선은 우리나라
산수의 선이어서 여인네의
소맷자락, 갓신코에서,
또한 청자, 백자의 요염한 모습에
목기(木器)의 호족(虎足)
모습에까지 갖가지로 변하여
우리들의 정서의 깊은 멋을
풍겨 주고 있다.

그 모습은
자연과 동화되어,
기하학적이 아니라,
자연이 주는 조건의
높낮이를 만들어 가며
자연의 품속에
안겼다고나 할까,
이것은 우리나라
전통건축의
모태라고도 할 수
있어요.

특히 현대의 서구에서는
이러한 '생활하는 모티프'가
중요시되고 있어요.
그래서 의의있는 건축물은,
물론 하나의 작품으로서의
건축인 경우에도 화가와
조각가들의 협력에서
큰 성과를 올리고 있지요.

주열. 그대들을 위한 부드럽고 엄숙한 기립.
주두. 순간과 영원, 미와 공학의 융합을 위하여.
추녀. 이것은 머나먼 고향을 향한 그리움.
물받이. 그대들의 눈물을.
천창. 오직 당신의 빛으로.

대사관.
이것은 하나의
시(詩).

주한프랑스대사관
French Embassy in Korea, Seoul

서대문구에 자리한 지상4층, 연면적 1,603평방미터 규모의
철근콘크리트조 건물로, 대사관저, 대사집무동, 직원업무동, 직원숙소
네 개 건물이 경사진 대지 위에 둥근 정원을 품고 배치되어 있다.
길을 따라 걸어 올라가는 시선에는 조화롭게 변화하는 풍경이 담긴다.
건물의 배치는 한국 전통가옥에서 많은 영감을 받았으며, 사무동
건물에는 우리 기와지붕의 날렵한 곡선을 적용했다. 모던 건축의
문법으로 한국의 전통성을 구축하려 한 이 작업은 우리 현대건축에서
중요한 자리를 차지한다. 김중업은 회상했다. "한국의 얼이 담긴 것을
꾸미려고 애썼고 프랑스다운 엘레강스를 나타내려고 한, 피눈물 나는
작업이 나에게 엄청난 행운을 안겨주었다." 이 작업을 통해 그는
르 코르뷔지에의 영향을 극복했다고 평가받으며 독창적인 작품성을
인정받아 훗날 프랑스 국가공로훈장과 슈발리에 칭호까지 얻는다.
관저 외벽의 모자이크는 화가 윤명로, 김종학이 옛 기와와 자기를 부숴
제작했다. 대사관저 외벽 전체를 둘러 덮은 강렬한 이 벽화는 건축과
미술의 종합이 이루는 예술적 실험을 보여 준다. 건물 난간은 전통 문양을
응용해 만들었고, 지붕을 받치는 십자형 기둥은 민흘림기둥으로 세웠다.
이 건물은 이후 수차례의 증개축으로 본래 의도에서 많이 벗어났는데,
김중업 역시 무척 안타까워했다. 2016년 주한프랑스대사관은 프랑스
사티 건축사사무소와 한국의 매스스터디스의 제안을 최종 선정하여
대사관저와 대사집무동을 복원하고 타워동과 갤러리동을 신축하는
계획을 발표했다. 특히 한옥을 모티프로 한 대사집무동 건물의
지붕 처마선이 원래 모습을 되찾게 될 예정이다.

서울
1960—1962

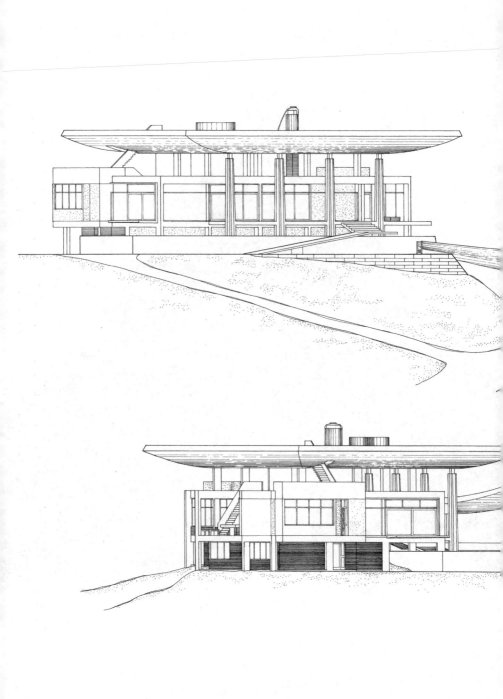

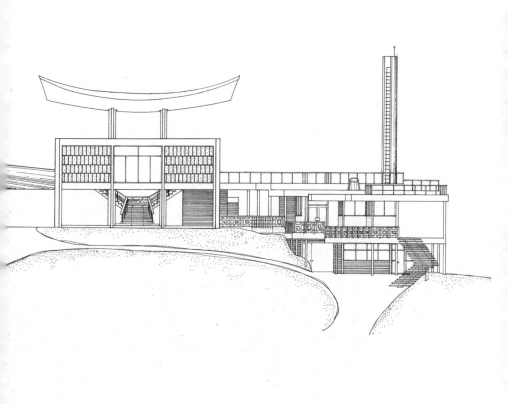

유엔기념묘지 정문(현 유엔기념공원 정문)
Main Gate of the UN Memorial Cemetery, Busan

남구에 위치한 유엔기념공원은 한국전쟁이 발발한 이듬해인 1951년
1월, 전사자 매장을 위해 유엔군 사령부가 조성해 그해 4월 묘지가
완공되었다. 1955년 11월 대한민국 국회는 유엔군 희생에 보답하기
위해 이곳 토지를 유엔에 영구히 기증하고 묘지를 성지로 지정할 것을
건의해 그해 12월 결의했다. 2007년에는 등록문화재 제359호로
등록되었다. 김중업은 유엔기념묘지에 1963년 예배당(현 추모관)을
시작으로 다섯 개의 프로젝트를 진행했는데, 그중 유엔기념묘지 정문은
규모는 작지만 한국 전통건축을 현대적으로 해석한 조형성이 돋보인다.
높이 8미터, 연면적 129평방미터의 철근콘크리트조로, 전통건축의
목구조를 적용한 십자형 기둥을 곡선화하여 한식과 양식을 절충했다.
김중업은 다음과 같이 언급했다. "'한국적'이라는 명제를 두고 조상이
남긴 낱말만 주워 모아 봤자 오히려 전통을 욕보이는 일이다. 우리만이
간직해 온 참 얼을 조형화시켜 새 얼을 담는 것도 쉽지 않다. 이는 한껏
부푼 선에 부드러움을 안겨 어린 시절의 향수와 잃어버린 고향을
찾아보려는 작업의 소산이다."

부산
1966

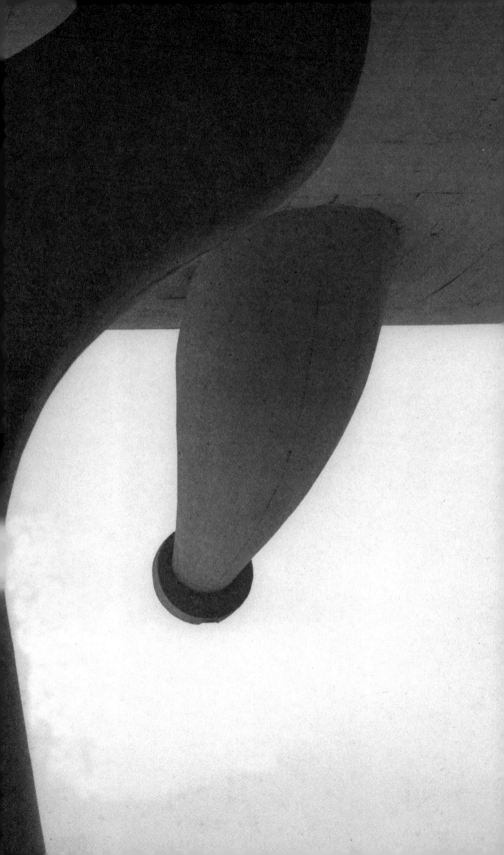

진해해군공관
Naval Officers Residence in Jinhae, Changwon

지하1층, 지상3층, 연면적 2,310평방미터의 철근콘크리트조 건물이다.
어릴 때부터 남달리 바다를 동경했고 20대엔 바다에 관한 시를 곧잘
읊기도 했던 김중업은 이 건물에 대해 '완공 이후에도 가끔 찾아가 보고
싶은 귀한 작품'이라며 만족과 애착을 가졌다. 주한프랑스대사관에서도
볼 수 있듯이, 한국 전통건축의 특징인 거대한 지붕 밑에 힘 있는 기둥을
받치고, 인공 연못을 두어 반사된 빛이 다시 처마에 비치도록 했다.
지붕에는 둥글게 구멍을 뚫어 하늘에 뜬 구름을 끌어내리는 판타지적
느낌을 살렸다. 외국에서 온 귀빈 접대부터 역대 대통령들의 휴식처 등
다양한 용도로 지금까지 사용되고 있다.

창원
1967—1968

육군박물관
Korea Army Museum, Seoul

노원구 육군사관학교 안에 자리한 지하1층, 지상3층, 연면적
6,000.38평방미터의 철근콘크리트조 건물로, 김중업건축연구소를
새롭게 단장하고 제자들과 함께 정성들여 진행한 작품이었다. 준공 후
이 년간의 시험 전시를 마치고 1985년 5월 개관했다. 박물관은
'조국통일의 길을 연다'는 의미로 '열쇠' 형태를 하고 있으며, 두 개의
전시실 외에 사무실, 학예실, 강당이 있다. 한국에서 가장 오래된
군사 전문 박물관으로, 선사시대부터 현대까지의 다양한 군사유물을
전시한다. 육중한 원형 매스가 건물 외부의 경건한 기념비성을 느끼게
한다. 건물 내부에는 전시 주제에 맞는 역동적인 전시 공간을
연출하도록 설계했다.

서울
1982—1983

경상남도문화예술회관
Gyeongnam Culture & Art Center, Jinju

지하1층, 지상3층의 철골트러스트조로 연면적은
12,332.1평방미터이다. 1981년 설계공모에 당선되어 1984년 설계를
완성하고 1988년 준공했다. 원래 명칭은 '진주문화예술회관'이었으나
2009년 리모델링을 거치면서 '경상남도문화예술회관'으로 이름을
바꿨다. 스스로 가장 아끼는 도시 중 하나라고 했던 진주에 세워지는
만큼, 김중업은 지역의 특수성을 고려해 본래의 질서를 보존하고 조화를
이루도록 했다. 옥상에 오르면 왼쪽으로 남강을, 오른쪽으로 진주성을
조망하도록 시각적 배려를 했다. 건물 외관은 사각형의 한식 지붕 아래
원형의 공연장이 있고, 전통건축의 공포(栱包)를 현대화해 디자인한
열주가 지붕을 받치고 있는 형태이다. "진주성이 남강과 우아한 자태를
빚어 대지 조건이 특이하다. 전통과 오늘의 만남이 극적인 효과를
나타내야 하며 모이는 이에게 뿌듯함을 주도록 애썼다. 진주 시민만이
아니라 경상남도의 상징이어야 하고 예술적으로도 유니크한 장소여야
함을 염두에 두었다. 원통 공연장에 넓고 당당한 지붕을 높고 우아한
기둥으로 받쳤고 넓고 시원한 계단으로 상승감을 고조시켰다.
선큰가든을 두어 공연이 없을 때도 옥상에서 진주성과 남강을 보게
함은 물론 마당놀이 등을 즐길 수 있게 했다."

진주
1984—1988

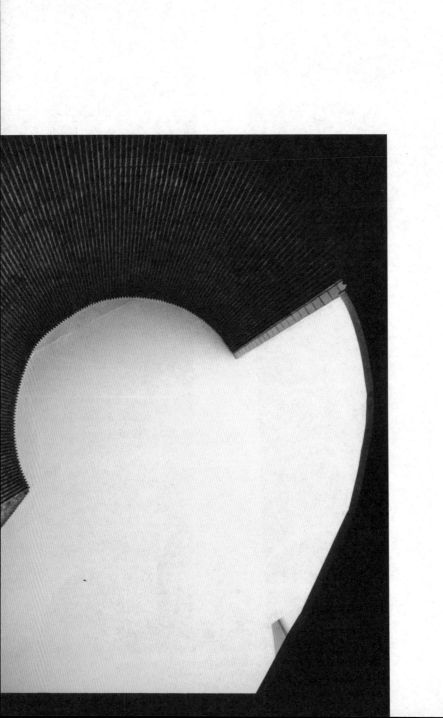

부산충혼탑
Memorial Tower in Busan

1948년 정부 수립 이후 순직한 부산 출신 국군, 경찰관, 전몰 용사들을
추모하기 위해 1983년 부산시가 발인하고 충혼탑건립추진위원회가
주관하여 그해 8월 구봉산 위에 건립했다. 약 400평방미터 원형의 인공
연못 위에 아홉 개의 벽체가 원형 열주로 구성된 높이 약 74미터 탑이
수직으로 뻗어 있다. 탑신 아래에는 위패를 모신 반구형의 영령실이
있고, 그 남쪽으로는 군상 조각이 있는데, 이는 조각가 최기원이 제작해
1984년 6월 6일 현충일에 추가되었다. 김중업은 이렇게 회고했다.
"아홉 개의 원륜을 아홉 개의 벽체가 높이 받쳐 올린다는 영감은
이 일을 위임 받는 순간 떠올랐다. 원륜은 혼들이 쉬어 갈 수 있는 곳.
아홉 개의 벽체는 황룡사 구층탑을 세웠을 당시의 천지 우주 사상에서
연유한 것이다. 아홉 방향이란 전 우주를 돌고도 남기에 나라와 겨레를
위한 혼백들이 온갖 방향에서 굳건히 지켜주고 있다는 상징."

부산
1981—1983

올림픽 세계평화의문
Olympic World Peace Gate, Seoul

송파구 올림픽공원 입구에 있는 지하1층, 지상4층, 연면적
3,120평방미터의 철골철근콘크리트조로, 88서울올림픽 개최를
기념하고 올림픽 정신을 구상적으로 표현하기 위해 공모를 거쳐
건립되었다. 발주처의 계속된 요구와 예산 변경 등으로 세 차례
설계 변경을 겪었다. 김중업은 우여곡절 끝에 세워진 이 조형물에
대해 다음과 같이 기록했다. "동서를 막론하고 역사적인 사건을
기념한다는 행위는 결국 탑(塔)이거나 문(門)으로 귀결되었다.
나는 우리 전통 속에서 풍부한 체험이 깃든 문으로 상징물을 구상했다.
이 기념문은 고구려의 전통을 이어받아 기상이 슬기로워야 하므로
거대한 날개에 비룡(飛龍)을 단청으로 하고 앞마당은 영접과 젊음의
광장으로, 뒷마당은 제전의 화려한 광장으로 꾸몄다." 높이 24미터,
지붕길이 62미터, 폭 37미터의 거대한 규모로, 몸체는 철근콘크리트에
화강석판을 붙였고 지붕은 철골트러스구조에 동판 덮개를 씌웠다.
지붕 아래쪽에는 고구려 고분벽화의 사신도가 화가 백금남의 단청으로
입혀졌고, 그 바닥에 수변 공간을 두어 물과 지붕이 서로 비추도록 했다.
앞쪽 마당에는 미술가 이승택이 제작한 '괴면(傀面)' 두상 조각을 얹은
열주가 길게 나열되어 있다. 주변에는 조각품, 만국기게양대, 녹지 등을
두어 공원을 조성했다. 김중업은 준공 넉 달을 앞둔 5월 11일에
세상을 떠나 결국 완성된 모습을 보지 못했다.

서울
1986—1988

도시란 한번 그르치면
엄청난 대가를 치러야 한다.
따라서 도시계획이란 허황하고
그럴싸한 도상(圖上)의 기교에
그쳐서는 안 된다.
보다 효율적이고 보다 현실적인
최상의 방법은 진실로 시민을
위한 정성이 계획하는 사람의
마음 속에 자리해야 얻어질 수
있는 것이다.

백 년 앞을
내다보아야 하는 계획이
십 년 앞도 못 본 채
착수되어 볼꼴 사나운
서울의 모습을
만들어낸 것이죠.

우리의 서울만
하더라도 사방의
운치있는 산들에
둘러싸인 분지,
말하자면 안뜰 같은
이미지를 최대한
살려 나가자는
겁니다.

한국의 도시계획이
근대화작업이라는 정부의 정책 밑에
하나의 시위효과를 노리기에 급급한 나머지
눈에 뜨이는 일만 하면서
모든 문제를 파고들어서 현상 자체를
정확히 파악해서 입안하려고 하지 않는
자세가 그 원인이라고 생각합니다.

어찌 뒷골목에
포장마차가 있는 것이
부끄러운가.
판자촌이란 어느
도시에도 있는 것이며,
오히려 무표정한
콘크리트의 숲들이
서민의 정서를
짓누르고 있는 것이
더욱 부끄러운 것이다.

그러나 언젠가는 시민이 사랑할 수 있는
서울이 될 거예요. 나는 낙관주의자예요.
곪은 것은 터지고 잘못된 것은 자꾸
헐리겠죠. 어쩌면 도시환경 분야에서
파괴학이 연구되어야 할지도 몰라요.

결국
아름다운 도시란
시민들의 숨쉬는 소리가
들리는 도시가
아름다운 도시예요.

삼일빌딩
Samil Building, Seoul

종로구 삼일로(三一路)에 31층으로 지어져 '삼일로빌딩'으로 불리던
이 건물은 1980년대 많은 고층 빌딩이 들어서기 전까지 서울에서 가장
높았다. 준공 당시 바로 앞에 있던 삼일고가(한국종합기술개발공사 시절
김수근의 작업)와 함께 당대 서울시의 성장을 상징하는 이미지로
홍보물에 자주 등장했다. 지하2층, 지상31층, 연면적
36,363.8평방미터의 철근콘크리트조로 단순한 직립형에 재료는 검은색
철과 착색유리로 제한하고 장식은 과감하게 생략했다. 김중업의 오피스
빌딩 중 가장 수작이라고 평가받지만, 동시에 미스 반데어로에(Mies
van der Rohe)가 뉴욕에 지은 시그램 빌딩과 유사하다는 비판도 함께
받는다. 1970-1990년대 대부분의 초고층 건물을 외국인에게 맡긴
것과 달리, 기본 설계부터 완공까지 한국 건축가에 의해 지어졌다는
점에서 의미가 크다. 당시 31층 건물을 올린다는 것은 큰 도전이었는데,
김중업은 외국에서 최신 공법을 배우고 돌아온 사람들에게 자문을
구하며 신중을 기했다고 한다. 당초 계획은 140미터의 높이였으나
풍압으로 인해 115미터로 설계가 변경되었다. 결과적으로 층간 두께가
매우 얇게 처리되어 더욱 날렵하고 아름다운 비례가 도출되었다.
삼일빌딩은 건물 소유주가 바뀌는 등 여러 변화를 겪고 2018년 현재
리노베이션이 진행 중이다.

서울
1969—1970

도큐호텔(현 단암빌딩)
Tokyu Hotel (now Danam Tower), Seoul

중구 남대문로5가의 남산으로 오르는 언덕길 오른쪽에 위치해 숭례문을
내려다볼 수 있는, 높이 100미터의 호텔이었다. 도쿄의 대형 사유철도
'도큐전철'과 '이화진흥(현 단암산업)'이 합작 투자해 1971년 개업했다.
당시 일본 경제가 부흥기를 맞으면서 해외 여행객이 늘어나자 일본
자본이 투입돼 지은 것이다. 십이 년간 호텔로 운영되다가 1982년
폐업했는데, 일본 호텔 자본이 철수한 뒤 '단암빌딩'으로 이름을 바꾸고
현재는 오피스빌딩으로 사용된다. 원래 설계 의도에서는 사방 두 개의
기둥이 전체 볼륨을 지탱하여 네 귀퉁이가 캔틸레버(cantilever)가 되는
구조였으나, 당시 콘크리트 시공기술의 한계로 네 귀퉁이의 옹벽이
횡력(橫力)에 버티는 것으로 조정되었다. 그렇지만 결과적으로 형태
면에서 여덟 개의 기둥이 돋보이고 이에 따라 날렵한 비례와 상승감이
강조되었다. 지하3층, 지상27층, 연면적 31,680평방미터의
철근콘크리트 구조다. 건물이 노후되어 2018년 현재 리노베이션이
진행 중이다.

갱생보호회관(현 안국빌딩)
Korea Rehabilitation Agency (now Anguk Building), Seoul

종로구 안국로터리에 면한 지하1층, 지상15층, 연면적 8,250평방미터의
철근콘크리트조 건물이다. 교도소 형기를 마치고 출감해 갈 곳 없는
이들에게 귀향 여비를 마련해 주고 직업 알선 및 생활 안정자금 등을
지급하던 곳이다. 그 외에도 한국제강공업협회, 고려원양어업주식회사
같은 기업과 광복회 사무실이 입주해 있었다. 김중업은 다음과 같이
말했다. "부정형의 대지 모양을 따라 평면이 그려지면서 사무 공간과
건물 코어의 위치가 자연스럽게 결정되었다. 지상층 외벽 일부를
모자이크 벽화로 제작해 보행자들에게 시각적 즐거움을 선사하였다.
조형적으로 볼 때, 박스형의 사무 공간은 개방적이고 수평성이 강조된
반면, 불규칙한 형태의 코어는 견고함과 수직성이 강조되었다." 당시
낙후한 시공기술로 퇴락한 건물은 1987년에 전체 리노베이션이
진행되었다. 그해 한겨레신문사가 창간발의준비위원회를 구성하고
창간 작업을 본격화하는 사무실로 사용했다. 현재 명칭은 '안국빌딩'이다.

서울
1967—1968

한국외환은행 본점
Headquarters, Korea Exchange Bank, Seoul

김중업은 1973년 중구 한국외환은행 본점 지명현상설계에 착수했다.
당시 프랑스에 체류하던 김중업도 참여해 지하3층, 지상30층, 연면적
60,600평방미터 규모의 철골조 건물을 제안했다. 두 개의 원통형 매스를
부드러운 곡선으로 통합한 설계안을 한국으로 보내 작업 후 제출했으나
결국 당선되지 못했다. 김중업은 그때를 이렇게 회상한다. "을지로
입구에 그 아름다운 자태를 자랑하면서 도시의 경관을 크게 바꾸어
놓을 수도 있으리라는 기대에 부풀면서, 페르 앙 타르드누아의 숲 속에
파묻혀서, 짧은 기간 속에 모든 정열을 퍼부었다. 쌍둥이 원통형 탑을
세우되, 앞에는 드라마틱한 플라자를 두고 뒤켠에 금고실, 강당을 붙여
도시의 심장이 힘찬 고동을 울리도록 기도하면서 제작에 몰두하였다.
이 작품은 채택은 되지 않았을망정 나에게는 참으로 소중한 작품이
되었고, 프랑스 건축계에서 오히려 인정해 주는 것이었다." 김중업이
직접 그려 작업을 지시한 드로잉과 모형 사진이 남아 있다.

서울
1974

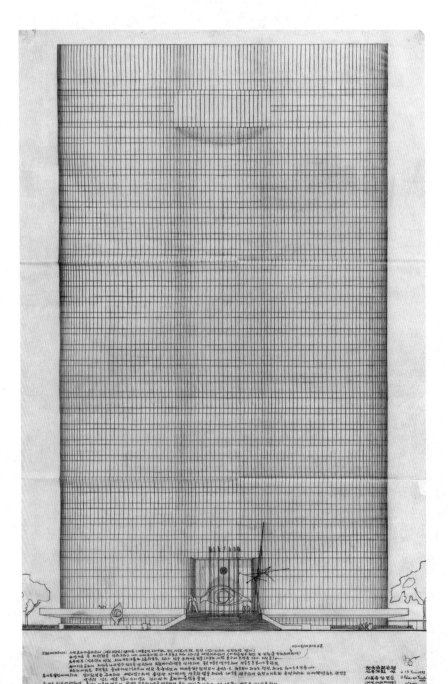

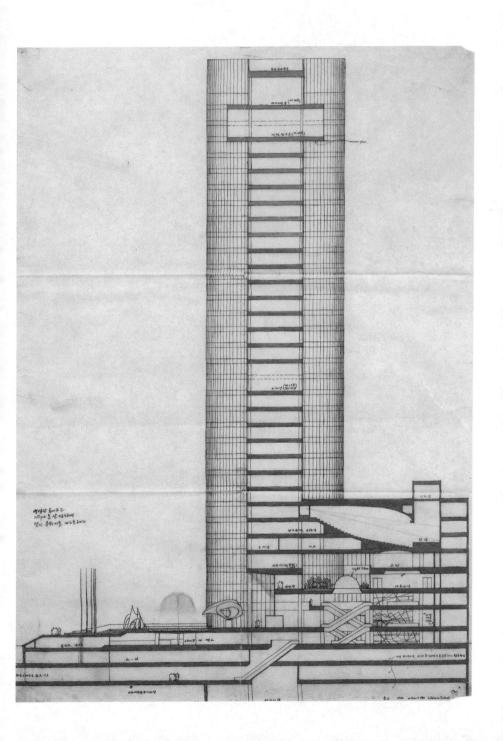

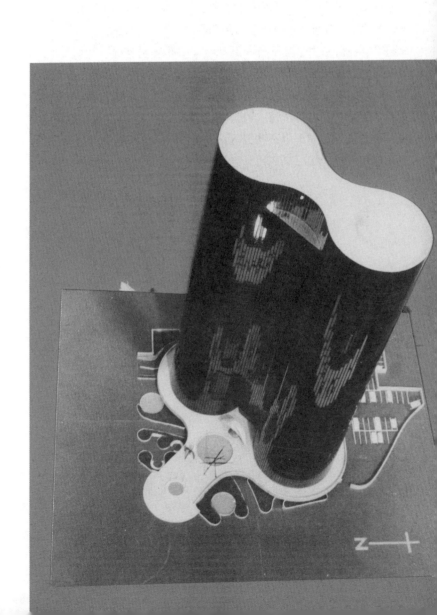

중소기업은행 본점(현 IBK 기업은행 본점)

**Headquarters, Industrial Bank of Korea
(now Headquarters, IBK), Seoul**

중구에 위치한 지하5층, 지상20층, 연면적 67,904.9평방미터의
철골철근콘크리트조 건물로, 현상설계공모로 진행되었다.
대한주택공사의 재개발 사업 최초로 단지 개념을 도입해 을지로2가
지역성에 맞는 초현대식 건물 세 개 동을 건설하는 사업이었다. 애초에
김중업도 건물 세 동을 함께 제안했으나 세 팀의 공동 당선으로 그중
하나인 제3동만 김중업이 설계했다. 그 때문에 삼일빌딩과 연계해 도심
호텔과 쇼핑몰을 일체화하려던 계획은 실현되지 못하고, 세 건물 사이
공간에 중앙광장을 조성하는 것으로 마무리되었다. 김중업은 "기성
도시의 재개발이란 전체 도시 구조의 맥락 속에서 시민을 위한 아늑하고
즐거운 공간을 만드는 작업이다. 이 16, 17지구에 걸친 계획은 세 동의
빌딩이 들어가는 조건으로, 여유있는 대지 배분에 중앙에 장교마당을
활성화하여 밤낮 언제나 많은 사람들이 모여드는 역동적인 장으로서
도시의 성장 구실이 되었으면 했다"고 자신의 계획의도를 기록해 두었다.
현재 아이비케이(IBK) 기업은행 본점으로 사용된다.

서울
1985—1987

나에게 즐거운 시기가 왔어요.
연륜이 축적되어 오니까
이제는 건축에 불협화음을 넣고
싶어요. '예술은 궁극에 가서는
유희다'라는 말이 있지요.
유희 정신이 자동적으로
살아 나오는군요.
…도시가 무질서하니까,
사방이 콱콱 막혀 있으니까
거기 벽을 뚫고 창을 내고 싶은
욕구들이 생기는 모양입니다.

틈나는 대로 성경, 불전을
가리지 않고 꾸준히
읽고 있습니다. 자연의
아기자기함이라든가
생명의 신비 등에서 절대신의
의지를 느낄 수 있어요.

이십일세기 전망이라.
나는 낙관적으로 봐요.
국토의 공개념이 정착될
거고 주(住) 개념도 달라질
거고. 즉 소유의 개념이
거주의 개념으로 바뀌게 되면
이웃끼리 담 없이 터놓고
살 수 있게 될 거야.

어릴 때부터
꿈꾸어 오던 일입니다.
바다에 도시를 띄운다는
꿈이 이루어진다는 데
큰 의의가 있는 거겠죠.
공해로 인한 환경오염의 결과
인류는 이제 바다로
눈을 돌릴 수밖에 없는
시대가 되었습니다.

시간에 따라 변할 수 있고,
용도에 따라 움직일 수도 있는
마치 깊은 바닷속의 패각이
물을 들이켜고 뱉어내는 것처럼
공간이 숨쉬고 소리내어 노래부르는
그러한 감동어린 극적인 공간의 창조가
찌들인 현대인들에게 삶의 희열과
분홍빛 꿈을 던져 줄 것이다.

인간성의 회복이
절실한 현시점에서
공간이란 가장
자신에게 어울리면서도
비일상적인 성격이
깊이 배인 새로운 이미지의
정착이 바람직한 것으로
여겨진다.

인간에게 가장 중요한 건
제전적(祭典的)인 분위기죠.
제전은 살아가는 데 큰 활력소가 됩니다.
시간, 부(富), 권력에 쫓겨서 일그러지고
왜소화하는 현대인에게는 희노애락을
표시할 수 있는 얼띤 공간이 필요합니다.
그런 분위기에서 비로소 사람들은
원초적인 인간의 자세를 되돌아보는
여유를 가질 수 있는 거죠.

[건축가는] 미래관이 정확해야 합니다.
현대가 가진 특성을 현대적인 기술에 의해
현대다운 것으로 표현해야 하는 만큼 과학적인 연구가
뒷받침되어야 합니다. 즉 미래의 방향을 제시할 수
있어야 하는 것이죠. 오늘 만든 것은 이십일세기에도
쓸 수 있어야 하지 않겠어요. 근래에 환경문제가 크게
대두되고 있는 것도 바로 미래를 위한 것이죠.

그렇게 자신이 만든,
자신에게 또는 자신의 일에
알맞도록 편안하고 쾌적하게
조성된 공간, 아무리 어지럽고
골치 아픈 일들이라도
그곳에 파묻혀 생각해 보면
사소하게 여겨져 오히려 문제의
핵심에 도달케 되는 공간,
그리하여 쓰다듬고 껴안고
때로는 실컷 울어버릴 수도,
덩실 어깨춤을 추고도 싶은
자기만의 멋이 흠뻑 구석구석에
배인 그런 공간이야말로 참다운
현대인의 공간이라 여겨진다.

서병준산부인과의원(현 아리움 사옥)
Dr. Seo's Clinic (now Arium Office Building), Seoul

중구 장충동에서 동대문디자인플라자로 향하는 큰길에 위치한, 지하1층, 지상5층, 연면적 574.92평방미터 철근콘크리트조의 이 건물은, 대지가 좁고 세모진 대로변이라는 열악한 조건에도 불구하고 다양한 곡선을 사용해 조형적으로 독특하면서도 기능적으로 설계되었다. 김중업 건축 모티프의 하나인 '증식하는 원'의 구성방식으로 지어진 가장 대표적인 작품이다. 특히 노출콘크리트를 사용하여 자유로운 곡선의 가능성을 열어 놓았으며 투명한 유리창과의 대비로 조형성을 극대화했다. "건축이란 하나의 뚜렷한 사인이며 인간의 감성에 던져지는 강한 몸짓이기에, 이 자그마한 병원도 강한 몸짓으로 눈길을 끈다. 둥근 면에 뚫린 구멍들이, 살짝 붙여 돌아가는 발코니들이, 삶에의 희열을 또한 태어나는 새 삶에의 찬가를 부른다. 지붕 부분의 판타지가 개악(改惡)된 것은 못내 유감이나 애착이 가는 작품이다." 현재는 디자인회사 아리움 사옥으로 사용되며, 용도 변경으로 공간을 확장했다.

서울
1965—1967

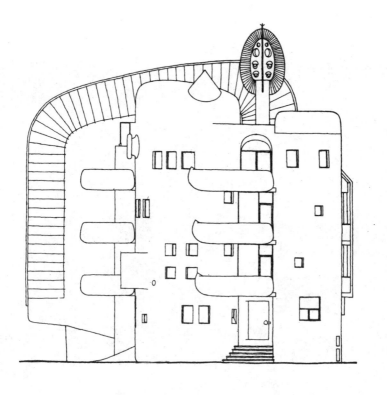

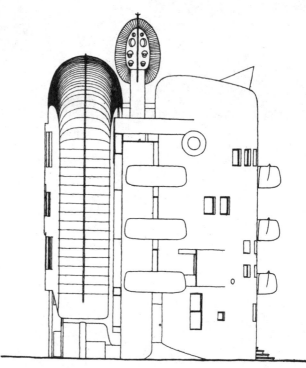

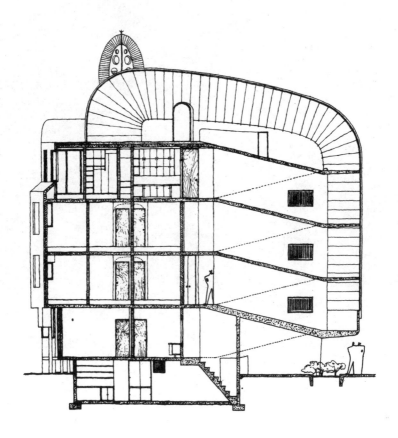

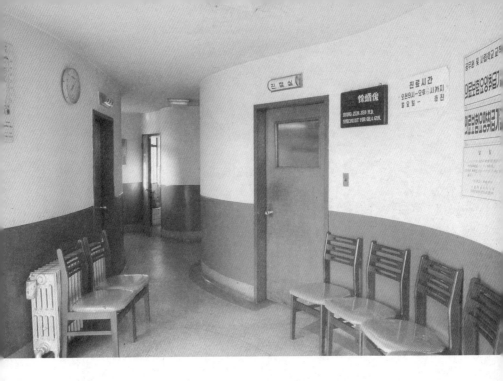

태양의집(현 썬프라자)
Shopping Center Sun's Palace (now Sun Plaza), Seoul

영등포구 신길동 대로변 모퉁이에 위치한 쇼핑센터 건물로, 지하1층,
지상3층, 연면적 9,570평방미터의 철근콘크리트 구조다. 층별로
대형슈퍼, 의류, 식당, 가구, 가전제품 등의 상업 시설로 사용되었고
옥상은 어린이놀이터, 옥외극장, 공원으로 구성해 시민의 휴식처로
자리잡을 수 있도록 했다. 서민적이면서도 세련되어 고객 스스로가
돋보이게 생각되는 곳으로 만들고자 했던 김중업은 작업 동기를 이렇게
썼다. "외국 살림에 쪼들렸던 내가 장터에 갔을 때 뭔가 모르게 웃으면서
누구에게나 이야기를 걸고 싶은 충동이 일었고, 만나는 사람마다 친한
벗처럼 느껴졌다. 이런 감회가 이 작품을 제작하도록 나를 이끌었다.
우리나라에서는 아직은 낯익지 않은 모습일지 모른다. 그러나 일렬로
놓인 상품들이 강압적으로 감정을 강요하는 서울 거리에 이런 집은
얼마나 기다렸던 모습인가." 원형 모티프, 램프, 곡면의 사용 등 다양한
김중업의 건축언어가 종합적으로 병치되었는데, 이는 역설적으로
종교적 모티프를 연상시켜 상업시설의 분위기를 모호하게 하고,
전체적 조형에서 산만한 측면이 있다. 지금도 구조에 큰 변경 없이
'썬프라자'라는 이름의 상가로 사용된다.

서울
1979—1982

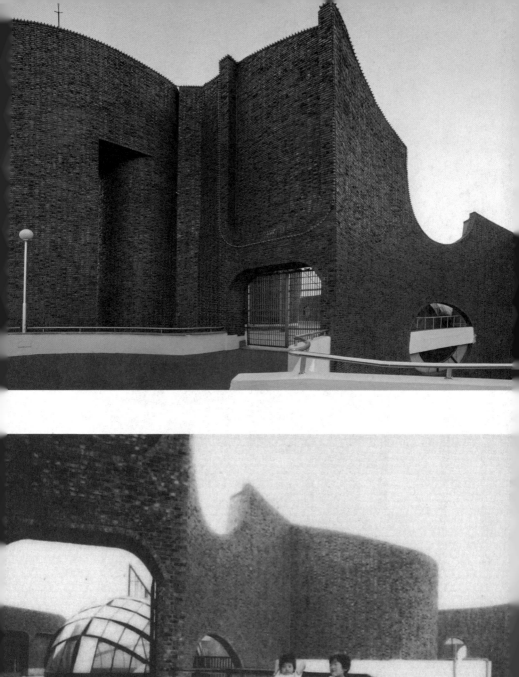

아나백화점
Ana Department Store, Seoul

지하3층, 지상4층, 연면적 92,565평방미터의 규모로 설계된 상업시설
계획안이다. 프랑스에서 귀국한 그에게 옛 건축주들이 다시 새로운 일을
하나씩 맡겼고, 이 건물은 한남동 이씨 주택(I) 소유주의 요청이었다.
김중업은 "우리나라의 도시 모습들은 온통 찌푸리고 일그러져 처절한
꼴이다. 그 속에 밝은 표정을 수놓아 숨통을 뚫어 보려는 내 집념의
하나로서, 소중한 작업으로 간직하고 있다"고 했다. 그는 이 건물이
무심히 지나가는 이들을 안으로 끌어들이고, 눈이 즐겁고 새로운 유행을
즐기며 부담 없는 만남의 장소가 되길 바랐다. 한국교육개발원 신관,
중소기업은행 본점, 아나아트센터 계획안과 같이 건물 상부를 경사진
유리면으로 설계해, 이 시기 고민했던 온실과 태양열 발전을 상징적으로
표현했다.

서울
1979

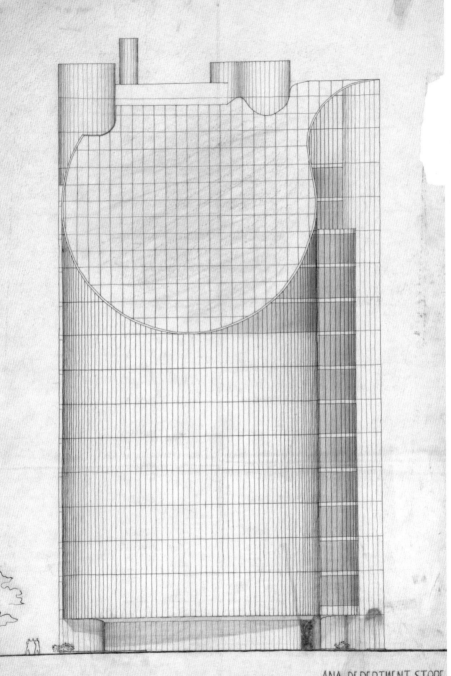

가을 한밤을 만나오로 우리나라는 뜨겁게 쏟다지는 햇발을 담아 들어 열어버지긋 보다 낡은 환경을 만든다는 말로, 시골하고 공통하다
근원과 내일에 운제들을 외부에 보다 낡은 담의 표현 우리 도시 얼들의 꾸어아오는, 조가치건 건축가에게 길어지어진 얼굴이나 무거운 짐이다
기기 의지 않는는 서울 얼들이 시위분하는 "많아 버로앝점"에 내보던 둥근 여름 45°로 둘러 포즘즈 몿의 태양에 담성운을 갔다
담기움기울 치러진 가을 철에는 60%가까운 얼울이 나니에 쏘는 효율지순의 여름철에는 내면의 분토래아 넉넉이 담아넣이 얼이다. 얼~음
이시 에이 공즉을 하주실이 음마수샤이 따즐한 여찮를하여 모기 큐기오임을 열어 주니 가의 모으셔 온명의 거거슈 아니 렌구슈다

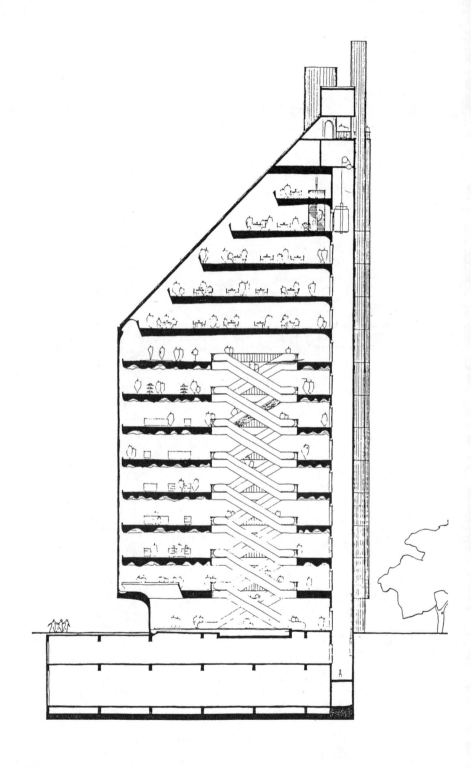

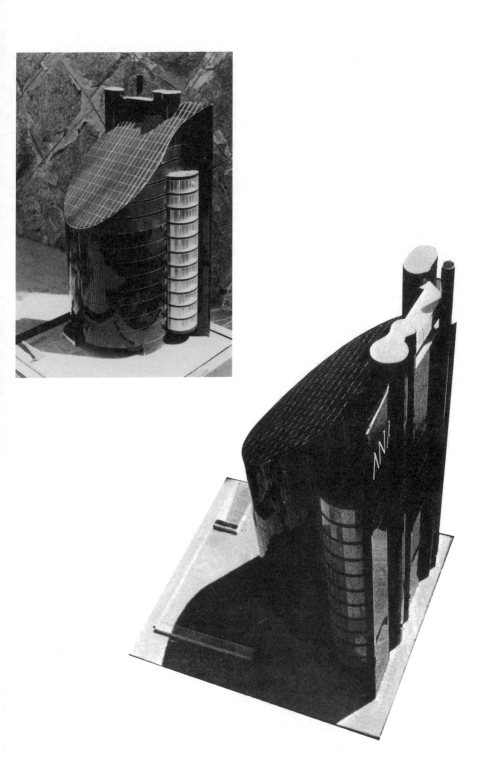

아나아트센터
Ana Art Center, Seoul

지하2층, 지상5층, 연면적 3,526.14평방미터의 철근콘크리트조 건물
계획안이다. 아나백화점과 마찬가지로 한남동 이씨 주택(I) 건축주가
의뢰한 작업이나 실현되지 못했다. 공연장, 세미나실, 식당, 사무실 등의
기능을 가지며, 원뿔에 원통과 다각형 매스가 부가된 형태다. 김중업은
이 공간을 이용하게 될 사람들을 상상하며 작업했다. "젊은이들이 모여
시간가는 줄 모르고 예술에의 정열을 한껏 불태워야 할 아기자기한
공간들이 5층 크기에 알맞게 들어앉는다. 햇빛의 흐름에 따라 수시로
인상이 새로워지며, 밤이면 흑진주 속에 휘황찬란한 빛들이 일그러진
서울 속에 자그마한 마음의 오아시스를 마련한다. 그리하여 아늑한
가운데 젊은이들의 심장에 벅찬 고동이 일게 한다."

서울
1983

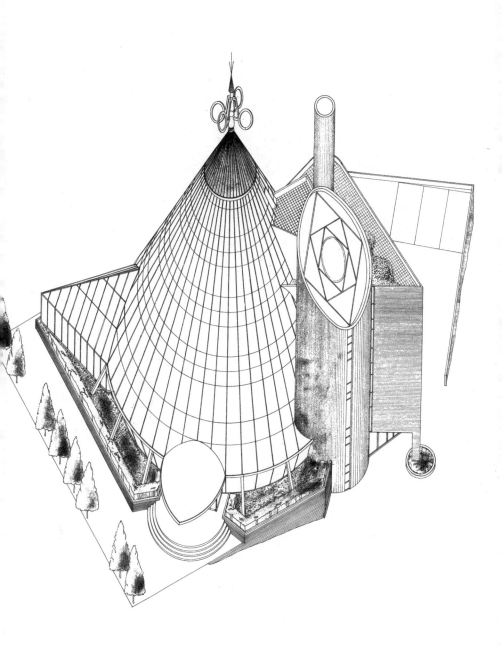

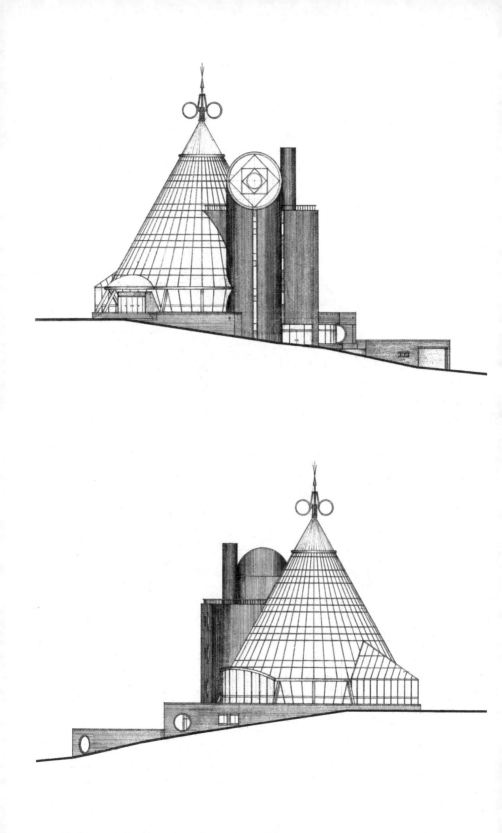

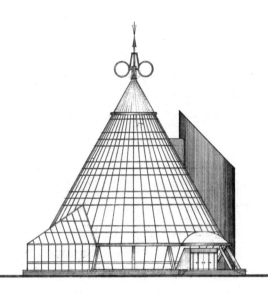

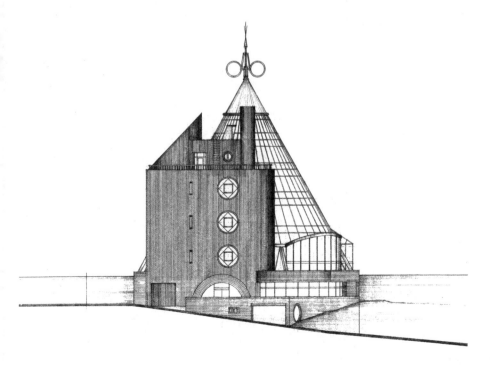

민족대성전
Nation's Palace, Seoul

해발 200-600미터에 위치하는, 동시 수용가능 인원이 50만 명인
예배 및 집회 공간이다. 김중업은 설계를 위해 북한산, 삼각산 등
서울 근교 해발 200미터 이상의 대지를 세 군데 물색했다. 총 30만
평(약 100만 평방미터) 대지 위에 15만 평(약 50만 평방미터)의
'민족대광장'을 갖추는 한편 그 위에 높이 400미터, 연면적 5만 평
(약 16만5백 평방미터)에 이르는 철근콘크리트조 건물을 올려놓는
계획이었다. 이는 형태적으로 기념비성을 강조한 것이기도 하지만,
대규모 인공대지와 반구형 돔을 받치는 기둥이 겨우 열두 개라는 점에서
가장 경제적이면서 안정적인 구조를 고안한 것이기도 하다. 바다호텔과
같이 명성그룹이 주관한 이 사업의 초기 명칭은 '하늘교회'였으나 이후
'민족대성전'으로 변경되었다. 이는 종교에 국한된 공간이 아니라 우리
민족의 문화전당으로, 또 세계 전체가 평화를 다짐하는 정신혁명의
장소가 되었으면 하는 건축가의 바람 때문이었다. 김중업은 "한국
문화전당은 21세기에 접어드는 오늘 꼭 필요한데, 전당 전체가 하나의
멋진 드라마여야 하며 약진하는 한국을 생생히 상징해야 한다"고 했다.
남북통일이 되면 사람들이 민족의 단합과 발전을 위해 모이는 장소가
되길 바라기도 했다.

서울
1980

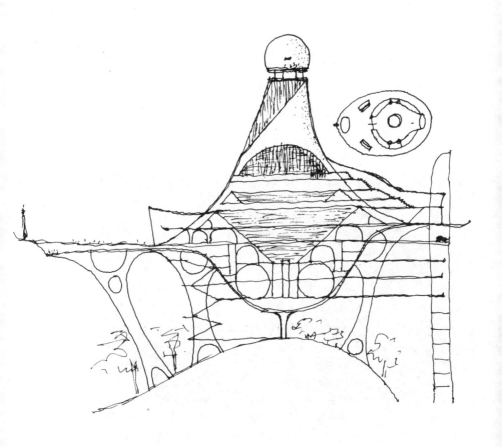

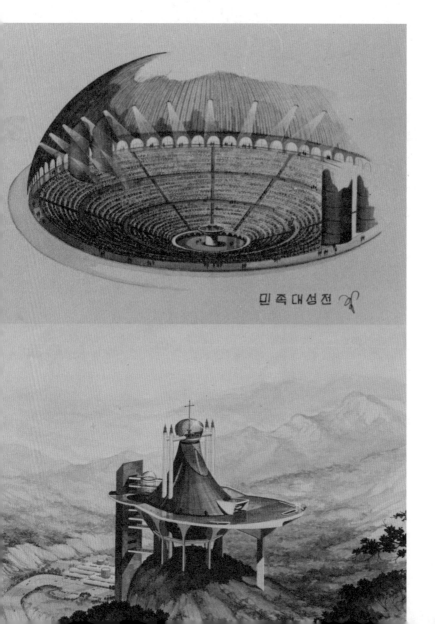

민족대성전

바다호텔
BADA Floating Hotel, Jeju

김중업은 외국 건축가들의 환상적 미래도시 계획안을 책으로 접하며
20세기 후반의 새로운 건축언어로서 꾸준히 탐색했다. 후기로 갈수록
급변하는 현대 생활에 맞게 이동과 변형이 가능한 구조와 최신 기술에
점차 많은 관심을 보였다. 이는 환경오염이나 토지 소유 개념에 대한 그의
고민과도 연결된다. 바다호텔 역시 그 연장선으로, 김중업이 1976년
미국 체류 시절 영국의 부호에게 도버 해협에 띄울 플로팅 호텔 구상을
의뢰받아 처음 설계했지만 결국 실현되지 못했다. 그는 삼만 명이
동시에 즐길 수 있는 규모의 이 건물이 일그러지고 왜소화한 현대인에게
알뜰한 꿈과 삶의 뜨거운 감동을 주길 바랐다. 그에게 이 작업은 '인간의
원초적인 유원성을 재확립시킬 수 있는 환경을 창출하여 21세기의
새로운 장을 열어 보려는 웅건한' 시도였다. 귀국 후 명성그룹의 의뢰로
제주도 앞바다에 띄울 기회를 새로이 얻어 세부 설계를 진행, 서귀포
앞 육지로부터 300미터 거리, 수심 16미터 지점에 위치하며 해저7층,
해상55층 규모에 1,200개 객실, 국제회의장, 대연회장, 수족관,
카지노, 대식당, 각종 오락실, 쇼핑센터, 공연장을 갖추었다. 땅에 세워도
넘어지지 않는 오뚝이 원리를 구조에 도입하고, 모두 조립식 공법으로
간단히 세울 수 있게 했다. 또한 태양열 집열 및 풍력발전 장치도
포함되어 혁신적인 계획안이었다. "우리나라 기술의 국제적인 개가로서,
세계 최초의 완벽한 수중 호텔이 될 것"이라던 김중업의 기대에도
불구하고, 결국 이 안도 실현되지 못했다.

제주
1980

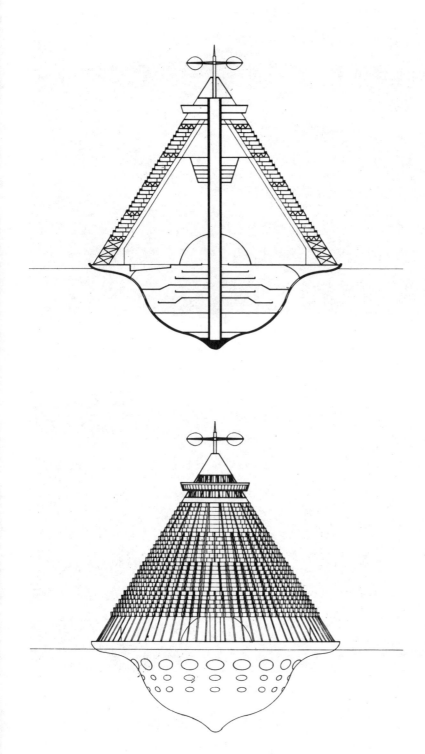

건축은
시대의 거울이며
전통은 새로운 창조를
통하여 올바르게
계승된다는 것을
명심하여야 한다.

건축가인 나의 과제는
현대적인 이 멋을
어떻게 기능화한 평면 구성과
기계화한 부대 조건에
조화시키느냐에 놓인다.

뜨거운 꿈과 깊은 정신과 알뜰한
사랑 없이 어떻게 우리들에게
이렇게도 많은 이야기들을 들려줄
수 있단 말인가. 바람과 구름과
눈과 비와 물과 불의 이야기들을.
아버지와 어머니와 형과 누나와
이웃과 사촌들의 이야기를. 들과 꽃과
다람쥐와 새들의 이야기를. 어제와
오늘과 또한 내일의 이야기를.
작가란 꿈과 사랑과 믿음의
전도자임에 틀림없다.

옛날 우리들의 조상은
꼭 같은 것을 되풀이 꾸민다는 것을
죄 깊은 것으로 알고
정성 들여 만든다는 것을
더 없는 즐거움으로 알고
이를 공감과 감동으로
아낄 줄을 알고 후손들에게
알뜰히 넘겨 왔다.
살뜰히 말이다.

제발 손 대질랑 말고 그대로
놓아나 두어 주었으면 좋겠다.
근대화 작업이란 양식있는 말에
귀를 기울일 줄 알아야 하고
민족주체성을 찾는 길은 옛 것을
제대로 아끼고 새로운 문화를
창조함에 있는 것이지
다시 갓을 쓰고 상투를 기르자는
이야기가 아니라 믿는다.

현대라는 게 따로
존재하는 것이 아니다.
예부터 이어오는 연속된
시간의 한 과정을
지칭하는 것이기에
전통과는 불가분의 관계가
맺어지고 전통이 새로운
각도에서 계승되는 작업이
무엇보담도 중요하다.

이 대학은 활주로를 만들기 위해서
없어질 거예요. 이 병원은 훼손됩니다.
네, 이건 부산에 있는 유엔묘지 정문이에요.
맞아요, 방금 말한 서울의 병원과 마찬가지죠.
자신의 작품에 대해 온전한 권리를
행사하기는 참 어렵습니다. 자기 작업이
멸시되고 예술적인 억압을 받는 걸
지켜보기란 쉽지 않아요.

인간의 요구에 부합되었다손 치더라도
건축은 극단적인 기하학으로 이루어지는
추상예술입니다.
그리고 문명 아닌 문화에 싸울 수 있고
맥을 유지시킬 수 있어야 합니다.

폐허는
폐허대로 아름답고,
또 문화적 가치가
있다고 봐요.

유유제약 안양공장(현 김중업건축박물관, 안양박물관)

Factory of the YuYu Pharma, Inc. (now Kimchungup Architecture Museum and Anyang Museum), Anyang

유유제약 유특한 회장의 의뢰로 이루어진 작업으로, 공장 건물임에도 조각 작품을 연상시키는 조형적 기둥이나 건물 상층부 모서리에 설치된 조각가 박종배의 모자상 등이 접목되어 독특하다. 주요 건물은 두 동으로, 하나는 지하1층, 지상2층, 연면적 593.7평방미터, 철근콘크리트조이며, 다른 하나는 지상3층, 연면적 2394.16평방미터, 철근콘크리트조(연와조) 및 시멘트벽돌조이다. 2006년 충북으로 공장이 이전된 후, 이 건물은 문화적 가치를 인정받아 2007년 안양시에서 매입, 리모델링을 거쳐 현재 김중업건축박물관 및 안양박물관으로 사용된다. 또한 부지 내에는 보물 제4호로 지정된 중초사지당간지주와 경기도 유형문화재 제164호 고려시대의 삼층석탑이 보존되어 있다. 김중업이 설계한 공장 건물 중 유일하게 남아 있는 것으로, 출입문, 손잡이, 건물 외벽의 조각품 배치와 같은 세밀한 부분까지도 디자인하여 산업건축물답지 않은 예술적 면모를 지닌다. 또한 구조적 명확성이 두드러져 근대건축의 원칙을 뚜렷하게 보여 주는 김중업 초기 건축물로 평가된다.

批評

Critique

비평

김현섭

신화를
넘어서
—
김중업 건축
다시 보기

김현섭(金顯燮)은 고려대학교를 졸업하고
2005년 영국 셰필드대학교에서 서양
근대건축에 관한 연구로 박사학위를 받았다.
2008년부터 고려대학교 건축학과에서
건축역사·이론·비평의 교육과 연구에
임했으며, 근래에는 한국 현대건축에 대한
비판적 역사 서술에 관심을 갖고 있다.
연구 논문으로 "Representing Korean
architecture in the modern West"
"DDP Controversy and the Dilemma
of H-Sang Seung's 'Landscript'" 등을
발표했고, 저서 및 역서로 『고려대학교의
건축』『건축수업: 건축물로 읽는 서양
근대건축사』(공저) 『건축을 사유하다:
건축이론 입문』 등이 있다.

2018년 4월 27일, 전 세계의 시선은 한반도의 판문점으로 모아졌다. 한반도의 비핵화와 평화 정착을 위한 역사적인 남북정상회담이 그곳에서 열렸기 때문이다. 하지만 이 역사적 이벤트의 무대가 된, 군사분계선 남측의 '자유의집'과 '평화의집'에 관심을 둔 이들이 얼마나 될지는 모르겠다. 북측의 판문각과 정면으로 마주한 자유의집은 곡면을 이루는 정사각형 지붕이 건물 위로 떠 있고, 일련의 기둥이 이를 받치는 형국이다. 그리고 자유의집 남서측에 위치해 동쪽으로 90도쯤 돌아앉은 평화의집도 마찬가지로 건물 몸체 위에 띄운 지붕이 특징이다. 이 경우 지붕은 윗면이 평평하고 아랫면이 곡면을 이루며 전통 목구조의 공포(栱包)를 추상화한 기둥이 지지하고 있다. 이와 동일한 어휘가 건물 출입구의 캐노피로도 이어진다.

평화의집(1989)과 자유의집(1998)을 두고[1] 그 건축적 독창성을 논할 평론가는 없을 것이다. 그러나 두 건물의 진부한 건축어휘는 오히

판문점의
'자유의집'과
그 뒤편으로
보이는
'평화의집'.
2011.

려 그 진부함만큼이나 강력한 메시지를 전한다. 그것은 한국 현대건축의 정체성을 표현하는 가장 대표적인 방법이 전통 형태의 추상화였고, 지붕과 기둥의 조합, 특히 지붕 곡선의 현대화가 주요한 관심사였다는 점이다. 이런 남측의 건축 수법은 사회주의적 고전성이 내포된 북측의 판문각(1969, 증축 1994)과 대조를 이룬다. 그런데 아주 흥미롭게도 자유의집과 평화의집 지붕 디자인은, 김중업(金重業, 1922-1988)이 설계한 주한프랑스대사관(1962)의 대사집무동과 대사관저 지붕을 각각 본뜬 것으로 보인다. 한국 현대건축의 거장 김중업이 스승 르 코르뷔지에(Le Corbusier, 1887-1965)의 조형성과 한국 전통의 모티프를 탁월하게 융합했다고 평가받는, 그래서 늘 한국 현대건축 최고의 걸작으로 손꼽히는 <u>주한프랑스대사관</u> 말이다. 앞서 내비쳤듯 걸작

p. 148

에 대한 진부한 모방이 뭐 그리 대수일까마는, 그리고 김중업이 창출한 "사뿐히 하늘에 치켜올린 그런 기분"이[2] 여간해서 느껴지지 않는데도, 이 사례는 김중업의 영향력이 부지불식간에 한국 현대건축계에 스며들어 일상이 돼 버렸다는 방증이다. 우리는 김중업의 발자취를 예기치 않게 맞닥뜨리곤 하는데, 그가 작고한 지 삼십 주년이 되는 2018년 봄, 세계의 이목이 집중됐던 역사의 현장에서도 그러했다.

김중업 건축의 역사적 맥락

"한국 현대건축의 산증인으로, 한국 건축의 초창기부터 '자유의 깃발'을 들어 올리며 숱한 걸작을 빚어 왔던 건축계의 거목 김중업 씨가 지난 5월 11일, 66세의 일기로 타계했다. 건축 수업기에 일본에서의 건축 학업을 통해 고전주의적 수법에 몰두했고, 프랑스 체류 시에는 당대 세계 건축의 거장 르 코르뷔지에의 문하에서 풍부한 건축 경험을 통해 스승의 건축언어를 자신의 것으로 익혀 귀국, 한국 현대건축의 새로운 모습을 가꾸는 데 앞장섰던 김중업 씨는 '건축가는 시대를 지켜보는 목격자이어야 하며, 대사회적 발언을 주저하지 말아야 한다'고 주장했던, 청정한 기개를 지닌 한국이 자랑할 만한 진정한 건축가였다." —『공간』 1988. 6.

판문점의 사례가 보여 주는 김중업의 영향력에 대한 피상적 단편은, 그가 남긴 건축 유산의 재고찰을 요청한다. 그가 세상을 뜬 지 한 세대가 지났으니 더욱 그러하리라. 김중업 건축에 대해서는 그의 활동 시기부터 오늘에 이르기까지 다양한 논의가 있었는데,[3] 그의 별세 직후 『공간』이 전한 추모사는 다시 눈여겨 볼 만하다. 당시의 김중업에 대한 평가를 매우 포괄적이면서도 담담한 필치로 전하고 있을 뿐만 아니라, 오늘날의 평가 또한 대체로 이 범위 안에 속하기 때문이다. 그럼에도 불구하고, 제한된 지면에서나마 이 글은 지금까지 논의된 김중업 건축의 의미를 더 넓은 맥락에서 다시 짚어 보는 한편, 그간 간과됐거나 신화화된 측면 역시 탐침코자 한다. 먼저 그의 건축 경력을 짧게나마 살펴보자.[4]

　김중업은 1922년 3월 평양에서 태어났다. 연안 김씨 가문의 권세가 집안이었고 부친이 군수를 지내기도 했기에 유복한 유년기를 보냈다고 할 수 있다. 평양고등보통학교 시절 시와 그림에 소질을 보였던 그는 미술교사의 권유로 1939년 일본의 요코하마 고등공업학교 건축과에 입학한다. 요코하마 고공은 파리의 에콜 데 보자르에서 공부했던 나카무라 준페이(中村順平, 1887-1977) 교수의 영향 하에 보자르식 고전주의 교육을 시행했던 곳이다. 김중업은 자신이 여기서 수석으로 졸업했다고 주장한 바 있다.[5] 학교를 졸업하고 1942년부터 약 이 년간 도쿄의 마쓰다 히라타 설계사무소(松田平田設計)에서 처음 실무를 익혔는데, 여기서야 비로소 근대건축을 접했다고 밝혔다.[6] 1944년 귀국한 김중업은 조선주택영단, 조선비행기공업주식회사 등에서 일했고, 1947년 서울대학교 공과대학의 전임교수가 된다. 한국전쟁으로 인한 부산 피란 시절에는 서울대를 비롯해 피란 온 여러 대학에서 가르치는 한편, 문필가와 화가 등 다양한 문화예술계 인사들과 교류했다. 그러

p. 322

조병화 시인의 아내가 의사로 있던 송도의원. 김중업이 부산 피란 당시 설계했다. 1950년대 초.

던 중 1952년 9월 베니스에서 개최된 유네스코 주최 제1회 국제예술가대회에 한국 대표의 일원으로 참가해 르 코르뷔지에를 만났고, 그의 파리 사무실에서 일할 기회를 얻는다. 1952년 10월부터 1955년 12월까지 삼 년 이 개월. 현대건축의 세계적 거장 르 코르뷔지에에게서

사사한 이 기간 동안 그는 인도의 찬디가르 프로젝트를 중심으로 작업에 참여했고, 틈틈이 프랑스와 유럽의 여러 지역을 답사하며 견문을 넓혀 갔다. 1956년 귀국 후 선보인 여러 디자인에는 필로티(pilotis), 브리즈-솔레유(brise-soleil), 모듈러(modulor) 등 스승의 여러 어휘가 직접적으로 묻어난다. 하지만 그는 주한프랑스대사관을 완공함으로써 자신만의 건축적 성취를 맛보았고, 제주대학교 본관(1969)과 서병준산부인과의원(1967) 등 이후의 디자인을 통해 그러한 성취를 더욱 단단히 다져 나갔다. 비록 정권과의 불화로 인해 삼일빌딩(1970)을 완공한 이듬해인 1971년부터 칠 년간 망명 생활을 하게 되지만, 이런 고초는 오히려 그가 프랑스뿐만 아니라 나이지리아와 미국 등으로 활동 범위를 넓힐 수 있는 계기가 됐다. 1978년 말 귀국한 김중업은 세상을 뜨기까지 약 십 년 가까이 이전의 건축어휘를 부단히 갱신하며 다수의 작품을 남긴다.

p.116 250

이같은 삶의 궤적을 한국 건축사 전체 속에서 조망할 때, 그가 갖는 의미는 다양하다. 우선은 그가 한국 현대건축의 가장 걸출한 선구자였다는 점이다. 사실 한국인 건축가의 출현은 박길룡(朴吉龍, 1898-1943)과 박동진(朴東鎭, 1899-1980) 등 19세기 말 태생의 인물들

박길룡이 설계한 화신백화점.(왼쪽) 박동진이 설계한 보성전문학교(현 고려대학교) 본관 완공 당시 모습. 1934.(오른쪽)

로부터 비롯된다. 하지만 이들은 한국의 1세대 건축가라는 큰 의의에도 불구하고 일제강점기의 조선에서 교육을 받고 주요한 활동을 펼쳤던 까닭에, 서구적 관점에서 모더니스트로 불리기에는 한계가 크다.[7] 1920-1930년대 그들의 대표작 대부분이 전근대적 성격을 띠었을 뿐만 아니라, 그들은 아직 독립된 지식인으로서의 건축가상을 가지지 못했던 것 같다. 박동진은 보성전문학교(현 고려대학교)의 건축주였던 인촌 김성수에게 자신이 비록 일개 '도공(圖工)'에 불과하나 조국과 민족을 생각한다고 항변한 바 있다.[8] 이는 시대적 제약 속에서 건축가로서

의 독립된 자의식을 확립하지 못했던 미완의 정체성을 드러낸다. 진정한 의미에서 한국의 '현대건축가' 1세대라 불리는 이들은 해방과 한국전쟁 이후에 본격적인 활동을 펼친 인물들이다. 이때에야 비로소 건축가들은 스스로를 창작의 주체로 여기기 시작했고, 기술의 영역을 뛰어넘는 건축의 예술적 속성을 적극 개진했다. 1954년 홍익대학교 미술학부 건축미술학과의 출범과 1957년 한국건축작가협회(현 한국건축가협회)의 창립도 '건축의 예술성'을 강조하기 시작하던 흐름에서 나왔다.[9] 아이러니하게도 지금은 건축을 예술로, 건축가를 예술가로 여기는 경향이 오히려 도전받고 있는 실정이지만 말이다. 김중업이 김수근(金壽根, 1931-1986)과 더불어 이 세대를 선도한 인물임은 주지의 사실이다. 이들은 각각 주한프랑스대사관과 공간사옥(1972, 증축 1977)으로 대변되는 유수의 디자인을 선보였다. 그뿐만 아니라 여러

김수근이
설계한
공간사옥.
2011.

문화예술계 인사들과 교류하던 김중업이 베니스의 국제예술가대회에 동료 예술가들과 참석했던 일, 김수근이 1966년 11월 건축을 중심으로 한 종합예술지 『공간』을 창간하며 건축을 여타 예술 장르와 소통시킨 일은 한국 사회에 건축의 위상을 재정립하는 데 큰 역할을 했다고 하겠다.

김중업 건축의 독특성

그럼에도 불구하고 김중업은 김수근을 비롯한 동시대 건축가들과 비교할 수 없는 독특한 입지를 점한다. 그것은 현대건축의 거장 르 코르뷔지에의 사무실에서 근무했던 경력 때문이다. 김중업이 베니스 국제예술가대회를 경유해 삼 년 이상을 파리의 르 코르뷔지에의 아틀리에에서 일했던 경험은, 누차 강조돼 왔듯[10] 일본을 통해 우회적으로 서구 모더니즘을 수입하던 한국 건축을 세계 건축의 흐름과 직접 소통시켰

다는 의의를 갖는다. 일본이 아무리 유럽의 건축과 동시대적으로 모더니즘을 발전시켰다 하더라도 결국은 유럽과 미국의 것을 바탕으로 할 수밖에 없었다. 일본 근대건축의 주요 흐름이 '라이트 파' '바우하우스 파' '코르뷔지에 파' 등으로 명명된 것을 보라.[11] 김중업의 파리 체류 이전까지 한국 건축가들이 세계의 흐름과 접할 수 있던 길은, 식민지 경성고공에서든 일본의 학교에서든 간접적일 수밖에 없었다. 그런데 김중업으로 인해 한국의 건축이 세계 건축의 왕성한 활동 현장을 목격하고, 일정 부분 거기서 역할했으며, 그 흐름을 국내로 가져오게 된 것이다. 비록 르 코르뷔지에 사무실에서 그가 차지한 위치의 무게감에 대해서는 더 객관적인 논의가 필요하지만,[12] 스승의 건축을 체득하기 위해 처절하게 고투했고 어느 정도 성과를 거둔 것만은 사실이다. 그리하여 귀국 후 김중업은 한국 건축계에서 가장 두드러진 존재로 자리매김할 수 있었으며, 그의 경험은 르 코르뷔지에의 후광이 더해져 신화적 속성까지 획득하게 된다.

한편, 고독한 예술가로서의 건축가상을 본인에게 설정해 타협하지 않고 끝까지 밀어붙인 점 역시 김중업의 특성이다. 이 역시 스승의 특성과 공명한다. 건축의 조형의지를 중시하며 자신만의 어휘를 찾기 위해 끊임없이 노력한 점, 사무실을 소규모로 운영하며 모든 프로젝트의 디테일에 자기 아이디어를 관철하려 한 점, 사회적 발언에 주저하지 않은 점(그래서 국외 추방이라는 상당한 고초를 겪었다) 등은 그러한 특성에서 기인한 것이다. 외고집 성격은 사무실 직원들을 오래 남아나지 못하게 하기도 했지만, 그는 누가 뭐래도 건축에 대한 무한한 애정을 지녔고 이를 아름다운 언어로 묘사한 시인이기도 했다. 이런 측면은 한국의 여타 건축가들, 예컨대 김수근의 경우와 대비된다. 잘 알려졌듯이 김수근은 한국종합기술개발공사에서든 공간그룹에서든 상당한 규모의 조직을 운영해 나갔고, 정권과의 우호 관계 속에서 자기 위치를

도쿄 유학 중이던
김수근과 함께.
왼쪽이 김중업.
1959년경.

세워 나갔다. 『타임(Time)』이 김수근을 한국의 메디치로 명명했듯이
[13] 그가 예술가들을 후원한 역할에서 혁혁했다면, 김중업은 그 자신이
예술가였다고 할 수 있다.

　이러한 측면들 못지않게 김중업의 독특한 면은, 그의 경력이 20세
기 건축사의 주도적 경향을 압축적으로 포괄한다는 데 있다. 보자르식
고전주의 교육으로부터 시작한 건축 이력이 서구 모더니즘과 한국 전
통성의 융합을 이룬 뒤, 은유적 조형성을 거쳐 미래주의적 디자인에까
지 이르기 때문이다. 김중업이 요코하마 고공에서 고전주의적 교육을
받았고 마쓰다 히라타 설계사무소에서 근대건축을 접했음은 이미 서
술한 바다. 비록 그의 건축 수업과 첫 실무 경험에 대해서는 아직 자세
히 밝혀지지 않았지만, 그가 모더니즘으로 전환하기 이전 고전주의에
뿌리를 뒀다는 점만은 분명해 보인다. 이는 알바르 알토(Alvar Aalto,
1898-1976)나 루이스 칸(Louis Kahn, 1901-1974)과 같은 여러 세
계적 거장들의 초기 경력을 연상시킨다. 1956년 프랑스에서 귀국 후
개소한 '김중업건축연구소'에서 선보인 김중업의 건축은 국제적 모

김중업
건축사무소
풍경.
1960년대.

더니즘이 바탕이 되었다. 부산대학교 본관(1959)과 서강대학교 본관
(1960) 등이 대표적인데, 여기에는 당연히 르 코르뷔지에의 어휘가 반
영됐다. 전자는 필로티와 계단실 후면의 불규칙한 창 구성에서, 후자는
브리즈-솔레유와 모듈러의 적용에서 그 직접적 영향이 드러난다. 그런
스승의 영향을 내면으로 승화시키며 본격적으로 김중업의 건축세계
를 펼쳐 보인 것이 주한프랑스대사관이다. 지형에 따른 건물들의 배치
도 그렇거니와 대사집무동과 대사관저 지붕의 곡면은, 글머리에 언급
했듯 르 코르뷔지에의 조형성과 한국 전통 지붕의 모티프를 효과적으
로 녹여낸 것이라 평가받아 왔다.[14] 여기서 확립된 김중업의 지붕 유형

p. 86 106

은 이후의 작품에서도 조금씩 변형된 모습으로 지속된다. 김중업 건축의 특징 중 하나인 유기적 곡면의 어휘는 서병준산부인과의원과 제주대학교 본관에서처럼 은유적 조형성을 띠며 건물의 몸체 전반으로 확장해 나가기도 했다. 그러나 김중업은 갑작스레 전형적인 미스 반데어로에(Mies van der Rohe, 1886-1969) 식의 유리·강철 마천루인 삼일빌딩을 완공함으로써 이후 디자인의 변화를 예고한다. 망명 생활 중의 디자인이나 후반기 경력에서 유리면을 건물 외피로 대폭 도입하게 되는 것이 그 일례다.[15] 이 유형은 유리면을 활용한 기하학적 매스 구성에서 이전의 불투명한 덩어리의 유기적 곡면과 큰 대조를 보인다. 특히 국제방송센터(1988) 공개홀의 반원형 공간을 두른 반사유리면은 그 위의 스페이스 프레임과 조화를 이루며 미래지향적 이미지를 창출하는데, 1970년대 말부터 발전시킨 바다호텔 계획안이 표방했던 또 다른 미래주의적 입장과 멀찌감치에서 서로를 반추한다고 하겠다.

p. 210

김중업이 설계한
국제방송센터.

이처럼 김중업은 20세기 건축사조의 주요한 층위를 한 몸에 축적했던 인물이다. 한국 건축가 중에 지난 한 세기를 관통하는 건축 스펙트럼을 보이는 이가 김중업 이외에 또 있을까. 물론 그같은 흐름이 시간에 따라 언제나 일관적이었던 것도 아니고, 후반기 경력에서 그는 전반기에 획득한 어휘를 손쉽게 확대 재생산하거나 매너리즘적 과장을 덧입히기도 했다. 이러한 형태주의적 집착과 변신에는 비판의 여지도 있다. 그러나 이는 김중업이 그만큼 주어진 현실에 맞서 싸워 자신만의 건축어휘를 찾기 위해 부단히 노력했음을 반증하는 것이기도 하다. 이타미 준(伊丹潤, 1937-2011)의 평을 따른다면, "김중업만큼 한국에서 아방가르드 의식을 가지고 그것을 목표로 행동한 건축가는 드물다."[16]

삼일빌딩과 그 건축적 계보

김중업의 후반기 경력 가운데 한 축을 차지하는 것이 기하학적 유리
매스의 건축이라면, 그 원류가 되는 삼일빌딩과 이후 건축의 맥락에
좀 더 주목할 필요가 있다. 지금까지의 김중업 건축론은 대체로 주한
프랑스대사관을 중심으로 반복돼 왔으나 이것만으로 그의 건축 전체
를 포괄할 수 없음은 자명하다. 그간 삼일빌딩에 대한 긍정적인 평가
도 여럿 있었지만 제대로 된 논의는 부족했던 것 같다. 긍정적 평가는
대체로 미시안(Miesian), 즉 미스 반데어로에적인 마천루의 단순 명
료한 아름다움에 기인한다. 최근의 회합에서 건축가 곽재환이 삼일빌
딩을 '매우 아름다운 건물'이라 평한 것은[17] 그런 입장을 잘 보여 주는
데, 정인하 역시 삼일빌딩을 두고 "김중업의 고층 오피스 건물 가운데
가장 높은 수준을 획득한 것"이라 서술했다.[18] 긍정적 평가에 일조하는
또 다른 요인에는 당대 대한민국의 경제 성장 및 기술적 성취에 대한
상징성이 있는데,[19] 31층의 이 건물은 한동안 서울 도심에서 최고 높
이를 자랑했다. 반면 건축적 논의가 부족했던 까닭은 미스 건축의 복
제품이라는 태생적 한계 때문이었을 것이다. 침묵은 비판의 한 방식이
기도 하다. 비례든 모듈이든 공간구성이든 자체 완결적인 미스의 건축
을 전혀 다른 콘텍스트에서 변형시켜 적용한 것은, 알베르티의 건축론
을 적용한다면, 그 완결성에 손상을 입히는 것에 다름 아니리라. 모델
이 된 미스의 뉴욕 시그램 빌딩(Seagram Building, 1958)과 비교해
보자. 삼일빌딩은 대지면적이 협소한 까닭에 제대로 된 기단을 가지지
못했다. 또한 시그램 빌딩이 정면과 측면에서 각각 5베이(bay, 기둥과
기둥 사이의 한 칸)와 3베이로 구성된 것과 달리, 4베이와 2베이로 구

미스 반데어로에가
설계한 뉴욕
시그램 빌딩.
1958.

삼일빌딩 모서리
디테일(왼쪽)과
돌출된 콘크리트
코어가 드러난
배면 경관(오른쪽).

성됐기 때문에 출입구와 코어의 배치가 중심축에서 벗어날 수밖에 없었다. 즉 축적 구성에 근거한 미스 건축의 고전적 권위를 상실한 것이다. 기둥이 두꺼워지고 외피와 맺는 관계의 디테일(특히 모서리)에 정합성이 결여된 점도 못내 아쉽다. 설령 정면과 측면의 외관이 시그램빌딩보다 가늘고 길어진 수직 모듈로 나름의 경쾌함을 얻었을지라도 말이다. 제일 아쉬운 부분으로는 배면에 돌출한 콘크리트 코어의 둔중한 입면을 들 수 있다. 날렵한 유리면과 둔탁한 콘크리트 덩어리의 이질적 접합이 미스 건축의 논리와 정면으로 충돌하며 완결된 형식을 무너뜨리기 때문이다. (기준층 평면도 참고)

p. 385

그러나 여기서 더 눈길을 끄는 것은, 삼일빌딩과 그 이상적 모델과의 차이라기보다, 자타공인 르 코르뷔지에의 제자가 미스의 건축을 그대로 복제했다는 사실 자체다. 미스의 제자격인 김종성은 이 건물에 대해 "김중업 선생답지 않은 미시안 건물인 것이 뜻밖이었다"고 적은 바 있다.[20] 이런 입장은 많은 건축가들이 공유했던 것 같은데, 훗날 김중업은 삼일빌딩에 대해 '소름이 끼친다'고까지 반응했다고 한다.[21] 삼일빌딩 사례는 미스의 건축이 현대 마천루의 전형이었을 뿐만 아니라, 철을 생산했던 건축주 삼미그룹의 요구에 따른 부득이한 귀결이라 용인할 수도 있다. 하지만 이는 한 건축가가 전혀 다른 건축적 입장을 대변해야 하는, 당시 일천했던 한국 건축의 속살을 보여 주는 증거에 다름 아니다. 반세기 전의 한국은 건축가 한 사람에게 르 코르뷔지에뿐만 아니라 전혀 다른 개성의 미스 반데어로에도 요구했던 것이다. 다행히 김중업은 이후의 디자인에서 이러한 미스 건축의 프로토타입을 동일하게 반복하지 않는다. 그 대신 주한프랑스대사관에서 확증했고

1960년대 이래 발전시켰던 그의 조형의지를 유리 건축에 적극 접목해 나간다. 즉 김중업이 삼일빌딩에서 보인 새로운 시도는 후반기 경력의 건축적 실험을 위한 바탕이 됐다는 데에 가장 큰 의미가 있다. 프랑스 망명 시절 제출한 한국외환은행 본점 계획안(1974)은 두 개의 유리 원통을 곡선으로 매끈하게 연결하고 27층 높이로 올린 결과이며, 아 나백화점 계획안(1979)은 단일한 유리 원통 상부를 45도로 비스듬히 잘라 독특한 매스로 도출한 것이다. 실현된 건물 중에서는 유리면으로 각진 매스를 만들어 조형 요소로 활용한 점이 특징인데, 한국교육개발 원 신관(1982), 중소기업은행 본점(1987), 광주문화방송국(1988) 등 이 그렇고, 국제방송센터도 마찬가지다. 그리고 이같은 기하학적 유리 매스의 어휘는 김중업이 전반기에 확립해 면면히 지속시킨 은유적 조 형성과 만나 병치되기도 했다. 박시우치과의원(1985)이 대표적인 경 우다. 이 건물은 원시적 돌탑이 날카로운 유리 매스와 맞닿은 형국으

p. 230

p. 274

p. 126

p. 236

김중업이 설계한 광주문화 방송국(왼쪽)과 박시우 치과의원 (오른쪽).

로, 그동안 김중업이 발전시켰던 두 가지의 상반된 건축 흐름이 교합 을 시도한 장이라고 볼 수 있다. 이러한 맥락에서 김중업 건축의 후반 기 작업은 삼일빌딩에서 출발한 건축적 계보를 빼놓고는 온전한 이해 가 불가한 셈이다.

신화를 넘어서

삼일빌딩에 대한 비판적 인식과, 그럼에도 이 건물이 가지는 의의에 대한 조명은, 그간 상대적으로 간과된 김중업 건축의 여러 측면 가운 데 작은 일부일 뿐이다. 이 못지않게 우리가 새로이 고찰해야 할 면면 은 아직 넓게 펼쳐져 있다. 예컨대 그가 요코하마 고공에서 처음 건축 수업을 받던 시절의 상황, 즉 나카무라 교수로부터 배웠다는 고전주의

건축 교육이 실제로 과연 어떠했는지가 그렇다. 지금까지 우리는 김중업 스스로의 발언에만 주로 의존해 왔는데, 일본 쪽 문헌을 좀 더 탐색할 필요가 있다. 나카무라 준페이의 『건축이라는 예술(建築という芸術)』 등의 저서 및 그의 파리 보자르 유학과 귀국 후 교육에 관한 연구 문헌을 참조하면 김중업의 교육 배경에 대해 더 잘 알 수 있을 것이다.[22] 나카무라 교수 제자들의 모임인 '히노키노카이(桧の会)'의 자료 등도 유용해 보인다.[23] 또한 마쓰다 히라타 설계사무소에서 참여했다는 신징(만주) 미쓰이백화점, 요코하마 가네보백화점, 도쿄 미쓰이 선원클럽 등의 건축적 경향이 어떠했는지도 살펴볼 만하다. 이 사무소는 미국 코넬대학교에서 유학한 마쓰다 군페이(松田軍平, 1894-1981)가 1931년 도쿄에 개설했던 마쓰다 건축사무소를 모체로 한다. 개설 시기부터 함께했던 코넬대 후배 히라타 시게오(平田重雄, 1906-1987)가 1942년 9월 파트너로 승격하며 마쓰다 히라타 설계사무소로 개칭한 것이다. 히라타는 '양식주의'를 기반으로 했던 마쓰다와 달리 그로피우스식의 '모더니즘'의 부류에 속했던 건축가였기 때문에, 김중업이 근무할 당시는 이미 국제적 모더니즘이 강세였을 것으로 추정된다.[24] 이 사무소에서 근대건축을 접하게 됐다는 김중업 자신의 말과 맥을 같이하는 것이다. 한편, 그의 경력 후반기로 눈을 돌린다면 1980년에 발표된 바다호텔이나 민족대성전 같은 미래주의적 프로젝트를 얼마나 유의미하게 해석할 수 있을지도 재고해 봐야 한다. 바다호텔은 원추형의 메가스트럭처를 바다에 띄운 것으로 1,200개의 객실과 각종의 문화시설을 담는데, 일본의 메타볼리즘 멤버인 기쿠타케 기요노리(菊竹清訓, 1928-2011)가 1950년대 말부터 발전시킨 해상도시 아이디어에서 착안했을 가능성이 있다. 기독교의 종말론적 비전과 민족주의가

p. 282 286

김중업의 기고문.
「바다호텔,
하늘교회」
『서울신문』,
1980. 3. 20.

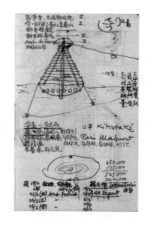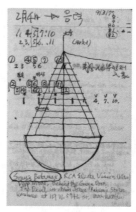

김중업의
바다호텔
계획안
스케치들.
1977.

결합된 민족대성전은 기괴한 판타지의 구조물 자체가 20세기 초반 유럽의 표현주의 건축과 유사한 경향을 띤다. 따라서 프로젝트 각각은 '기술·낭만적 미래주의'와 '묵시록적 미래주의'를 내포했다고 하겠는데, 더 심화된 해석은 앞으로의 연구자들에게 주어진 과제다.

이러한 고찰의 연장선상에서 우리는, 김중업 건축이 한동안 신화화됐던 면모 역시 냉정하게 직시할 필요가 있다. 역사 서술은, 아무리 비판적 역사라 할지라도, 필연적으로 신화를 포함할 수밖에 없다. 무언가를 대상화하여 서술하는 것 자체가 신화화 과정이기 때문이다. 하지만 여기에는 반드시 탈신화의 작업이 따라야 한다. 신화(화)와 탈신화(화)의 변증, 바로 그것이 역사다. 그리고 그 가운데 개개인이 인지하는 하나의 상(像)이 그 역사의 이미지다. 사실 김중업의 신화는 건축가 스스로의 과장과 자기 신화화에 연유한 바가 크다. 그는 자신이 르 코르뷔지에 사무실에서 인도 찬디가르 프로젝트를 책임졌다거나 제주대학교 본관이 21세기적 건축으로 각국 교과서에 소개됐다는 등 상당히 부풀려진 서술을 선보인 바 있다.[25] 현실은 이에 미치지 못했지만 고독한 예술가로서의 건축가가 도달하고픈 꿈을 그렇게 투사한 게 아닌가 싶다. 이런 연유로 김중업은 지근거리의 문화예술계에서 르 코르뷔지에의 '수제자'로 통하기도 했다. 정도는 누그러졌을지언정 김중업 생존 시기의 건축계도 마찬가지였다. 일례로, 말년의 김중업에 대해 『공간』(1986. 3)과 젊은 시절의 승효상은 '한국이 낳은 범세계적 건축가'라는 표현으로 다소 과장되게 소개한 바 있다. 지금이야 삼십 년 전 작고한 건축가의 자기 과장이나 당대 평자들의 예의 바른 칭송을 곧이곧

대로 받아들이는 때는 아닌 것 같다.[26] 신화를 넘어서 오히려 좀 더 냉철하고 비판적 견지에서 김중업을 바라보는 것, 이것이 이제는 그를 '세계적 건축가'로 기리며 예를 표하는 진정한 방식이 아닐까 싶다. 그 어떤 비판과 탈신화의 과정이 있다 할지라도, 김중업이 한국 현대건축 최고의 거목임은 누구도 거부할 수 없는 사실이기 때문이다.

글을 맺으며, 판문점에서 엿본 김중업의 흔적을 다시 상기해 본다. 여기서 보건대 직접적이든 간접적이든, 의식하든 안 하든, 그의 영향력은 지금의 한국 건축에 이미 내면화됐다고 할 수 있다. 건물의 형태는 극히 부수적인 문제일 뿐이다. 김중업의 건축에 대한 애정과 창작을 향한 열정이 후대의 건축가들에게 면면히 이어졌다면 그것이야말로 한국 건축에 그가 남긴 가장 뜻깊은 유산일 것이다. "건축이란 인간에의 찬가입니다. (…) 참다운 건축이란 인간에게 짜릿한 감동을 주어 끝없는 기쁨으로 승화시키는 드라마를 연출합니다. (…) 건축가란 시간과 공간 속에 자신을 송두리째 불사르는 이들입니다."[27] ▨

주(註)

1. 두 건물의 준공연도는 통일부 남북회담본부 홈페이지(dialogue.unikorea.go.kr) 참고.
2. 대담 중 김중업 자신의 표현. 김중업과 조인철 대담(1987. 11. 10), 「김중업 건축과 샤머니즘」『건축사』Vol.336, 대한건축사협회, 1997. 4, p.86.
3. 김중업 건축에 대한 논의에 분수령이 된 것은 정인하의『김중업 건축론: 시적 울림의 세계』(산업도서출판공사, 1998; 시공문화사, 2003)로, 김중업 건축의 평가를 한층 심화했지만 이해를 단일화했다는 아쉬움도 남는다. 그 저서 이전에도 '현대적 고전' '회화성과 전통성' '초월의 건축' 등 거칠지만 생생한 육성이 담긴 논의들이 있었다.
4. 다음을 비롯한 다수의 문헌을 참조함. 김중업과 김정동 대담, 「김중업, 건축가로서의 회상과 전망」『꾸밈』31호, 토탈디자인, 1981. 6, pp.58-67; 김중업, 『김중업: 건축가의 빛과 그림자』, 열화당, 1984; 정인하, 위의 책.
5. 김중업과 김정동 대담, 위의 글.
6. 김중업과 승효상 대담, 「김중업과 그의 현대적 고전주의」『공간』 224호, 공간사, 1986. 3, pp.32-44.
7. 그러나 박동진의『동아일보』연재(1931.3)에서 알 수 있듯, 이들은 서구 모더니즘의 흐름을 인지하고 있었다. 필자는 한국 1세대 건축가들의 르 코르뷔지에를 중심으로 한 서구 모더니즘 인식에 대해「르 코르뷔지에와 한국의 현대건축」, 김중업건축박물관 편, 『김중업, 르 코르뷔지에를 만나다』, 안양문화예술재단·김중업건축박물관, 2018에서 다룬 바 있다.
8. "본시(本是) 나는 일도공(一圖工)에 불과하지만… 기술자에게도 조국이 있고 민족이 있답니다." 朴東鎭, 「Granite의 辯: 仁村 金性洙 先生과 나」『高大新聞』70호, 1955. 5. 16.
9. 강명구, 「국전의 어제와 오늘」, 국립현대미술관 편, 『한국현대미술사: 건축』, 국립현대미술관, 1978, pp.110-151. 김중업은 1956년 귀국 후 홍익대학교 교수로 임용됐고, 이듬해 한국건축작가협회 초대회원 14인 중 1인으로 이름을 올린다.
10. 정인하, 앞의 책(2003), p.28.
11. 藤森照信, 『日本の近代建築』, 東京: 岩波新書, 1996.
12. 김중업은 르 코르뷔지에 사무실에서 인도 찬디가르 프로젝트 등에 참여하며 330여 장에 육박하는 도면을 남겼다. 그러나 그 역할이 과연 중추적이었는지에 대해서는 다소 회의적이다. 예컨대 찬디가르 행정청사 설계에서 김중업의 역할을 엄밀하게 판단하려면, 그가 그린 110여 점의 도면뿐만 아니라 그보다 훨씬 많은 나머지 도면(700-800점 가량으로 추정) 역시 살필 필요가 있다. 김중업건축박물관·한국건축역사학회 공동 심포지엄「르 코르뷔지에와 김중업, 그리고 한국의 현대건축」이후 필자와 정만영의 대화, 2018. 4. 21.
13. S. 찬다, 「S. G. K」『金壽根』, 東京: 鹿島出版会, 1979, pp.8-9.
14. 대부분의 평자들이 이 건물에 찬사를 보냈지만 비판적 목소리가 없었던 것도 아니다. 김광현은 주한프랑스대사관에서 서구 근대건축에 내재한 갈등이 "프랑스의 엘레강스와 한국적 정취의 융합"이라는 수준에서 봉합됐다고 평했고, 김원은 여기서의 성취를 인정했지만 그것이 "세계적 보편성을 갖는 일반해에 이르지 못했다"고 불만을 토로했다. 김광현, 「주한 프랑스 대사관: '근대'의 갈등을 잃은 한국현대건축의 기점」『공간』302호,

공간사, 1992. 11. p.80; 김원과 안병의, 윤승중 등의 대담, 「혼자 꿈꾸던 건축가, 우리가 그를 끌어안지 못했다」『PA: 김중업』1호, 건축세계, 1997. 1. pp.8-23.
15. 삼일빌딩과의 차이라면, 이후 디자인에서는 삼일빌딩에서 미스 반데어로에를 따라 외피에 의도적으로 부착했던 I-형강을 제거하고 가급적 매끈한 유리면을 사용함으로써 좀 더 순수한 매스를 만들려 했다는 데 있다.
16. 이타미 준, 「전위의 운명을 타고 난 건축가」『PA: 김중업』1호, 건축세계, 1997. 1, pp.24-31.
17. 김희조와 곽재환, 정기원 대담, 「특별대담: 김중업의 삶과 건축」, 김중업건축박물관, 2018. 4. 5.
18. 정인하, 앞의 책(2003), pp.199-202. 하지만 이 건물에 대한 논의는 책의 전체 맥락 속에서 축소됐고, 베이 개념의 오해를 담고 있다.
19. 실무자의 입장에서 설계 당시의 기술적 성취를 회고한 글로 다음이 있다. 권태문, 「삼일로빌딩을 다시 보다」『건축』Vol.55 N.1, 대한건축학회, 2011. 1, pp.60-61.
20. 김홍성, 「건축을 조망한 예술가」『공간』250호, 공간사, 1988. 6, pp.30-31.
21. 삼일빌딩을 논한 문헌이 많지 않은 가운데『PA: 김중업』1호, 건축세계, 1997. 1, p.180에 게재된 편집자의 짧막한 서술은 의미심장하다. "하지만 김중업 씨는 훗날 이 건물 앞에서면 소름이 끼친다고 했다. 퍼포먼스의 아름다움은 살렸지만 그답지 않은 작품이었고 당시 시국과 그의 반골 기질을 생각하면 이 건물은 모든 건축가들에게 의아스러운 작품이기도 하다." 이는 김중업 별세 직후 가진 대담에서 김석철이 "김 선생이 그 앞에 서시면 몸이 오싹하다 하시"더라고 회고한 발언과 상통한다. 「건축가 김중업선생 추모좌담회」『건축가』5-6월호, 한국건축가협회, 1988. 6, p.29.
22. 中村順平, 『建築という芸術』, 東京: 彰国社, 1961. 여러 문헌 가운데 오사카역사박물관의 자료집 『大阪歴史博物館 館蔵資料集5: 建築家·中村順平資料』, 2009; 『大阪歴史博物館 館蔵資料集14: 建築家·中村順平資料2』, 2016; 『共同研究成果報告書12: 中村順平のスケッチブック』, 2018과 하야시 요지(林要次)의 논문「中村順平にみるエドワー・アルノーの影響」 『日本建築学会計画系論文集』第79巻 第699号, 2014. 5; 「中村順平の『建築学』草稿にみるフランス建築理論」 『日本建築学会計画系論文集』第79巻 第706号, 2014. 12 그리고 吉田鋼市, 「金重業と横浜高等工業の痕跡」 『日本のアール・デコ建築物語』, 松戸: 王國社, 2016 등이 눈에 띈다.
23. '히노키노카이'는 1983년 발족해 2009년까지 정기 모임을 가지며 회보도 발간했다. 홈페이지(hinokinokai.com)에서 요코하마 고공 당시의 사진을 확인할 수 있다.
24. 丸山雅子, 「生き続ける建築-10: 松田軍平」『INAX Report』No. 176, 東京: INAX, 2008. 10, pp.4-14.
25. 김중업, 앞의 책 참고.
26. 김중업의 과장된 발언에 대한 윤승중의 비판적 견해를 참고할 만하다. 전봉희·우동선·최원준 채록연구, 목천건축아카이브 편, 『윤승중 구술집』, 도서출판 마티, 2014, pp.520-521.
27. 김중업, 앞의 책, pp.14-15.

조현정

예술로서의 건축, 작가로서의 건축가
—
김중업과 1950년대 한국 건축

조현정(曺賢禎)은 서울대학교
고고미술사학과를 졸업하고 미국 서던
캘리포니아 대학(USC)에서 일본 건축사로
박사학위를 받았다. 2013년부터 카이스트
인문사회과학부 교수로 재직하며 건축사와
미술사를 가르치고 있다. 한국과 일본의
근현대 건축사, 한일 건축 관계, 건축과
미술의 교류를 주제로 한 연구 논문을 『저널
오브 아키텍처(Journal of Architecture)』
등 여러 국내외 학술지에 발표했다.
저서(공저)로는 『파빌리온, 도시에 감정을
채우다』『아키토피아의 실험』『스테이트
아방가르드의 유령』이 있다.

건축가 김중업을 둘러싼 수식어는 유독 화려하다. 시심(詩心)의 건축가, 어두운 시대와 맞서 자신의 신념에 충실했던 불굴의 자유인, 그로 인해 비극적 운명을 맞이한 고독한 몽상가 등등. 김중업의 삶을 서술하는 익숙한 이 낭만주의적 영웅 서사의 중심에는 '건축가 김중업'이 아니라, '예술가 김중업'이 존재한다. 그는 일관되게 건축은 예술이어야 한다고 주장했으며, 단순히 기능에 충실한 건물이 아니라 아름답고 감동적인 작품을 남기기를 소망했다. 건축을 자신의 전인격의 표현이자 외부로부터 자율성을 갖는 독창성의 발로로 본 예술가로서의 확고한 자의식은 종종 건축주와 시공업자, 동료 건축가, 나아가 국가권력과의 갈등을 초래하기도 했다.

한국 근대 건축사에서 김중업의 존재는 서구 건축의 모방에 머무르지 않고 한국적 모더니즘을 추구한 최초의 건축 예술가로 자리매김된다. 그의 예술적 성취에 관한 대표적 연구인 정인하의 저서는 김중업 건축을 '시적 울림의 세계'로 규정하고, 시공을 초월해 '영혼을 감동'시키는 김중업 건축이 갖는 '본원적인 가치'를 추적한다.[1] 김중업에 대한 형해화된 이해를 벗어나 건축가의 '열정과 시적 환상'을 복원하겠다는 정인하의 기획은 치열한 작가의식을 갖고 자신만의 조형 언어를 구축한 김중업을 이해하는 데 중요한 길잡이 역할을 해 준다. 그러나 김중업의 건축예술에 대한 열망 자체가 시대특정적 산물임을 간과한 채, 그를 시공을 초월한 '낭만주의적 예술가'라는 프레임 속에 가두는 결과를 초래하기도 한다.[2] 해방의 혼란과 전쟁의 폐허 위에서 출발한 전후 한국의 특수한 조건에서, 예술의 함의는 시공을 초월한 보편적이고 영원한 미의 영역을 넘어선 것이었다. 김중업에게 '예술'이란 척박한 관료주의와 미숙한 자본의 개입에 맞서 직능의 존립과 위엄을 지킬 수 있는 무기이자 파괴된 공동체를 회복할 수 있는 치유제이며, 새로 출범한 한국 건축이 나아갈 소망스러운 미래상이었다.

이 글은 아직 분과 간의 전문화와 분업화가 심화되지 않았던 1950년대에 주목해 김중업이 동시대 예술가들과 활발히 교류하면서 예술가·작가로서의 자의식을 구축해 가는 과정을 살펴본다. '예술가 김중업'에 관한 역사적 고찰은 그의 건축론에서 부수적이거나 주변적인 사항이 아니라, 전후 한국의 근대적 건축 직능의 형성에 대한 연구이자, 다소 탈역사화된 영웅 서사로서의 김중업 신화를 교정하는 계기가 될 것이다.

예술로서의 건축, 작가로서의 건축가

건축을 예술로 보는 김중업의 건축관이 형성된 것은 1939년부터 요코하마 고등공업학교(이하 고공)에서 보낸 삼 년간의 유학 시절로 거슬러 올라간다. 메이지 시대 서구로부터 근대건축이 도입된 이래, 일본에서 건축은 국가 근대화를 위한 실용적인 기술로 인식되어 왔다. 건축가이자 건축사학자 이토 추타(伊東忠太, 1867-1954)가 유럽 전통을 모델로 건축을 예술의 범주로 분류해야 한다는 주장을 내놓기도 했지만, 일본 건축계의 주류는 철저히 건축을 공학과 기술로 간주했다. 1923년 발발한 간토 대지진은 이러한 인식을 더욱 심화시켜, 내진 설계에 방점을 둔 신소재와 구조 발전이 건축계의 주요 과제로 여겨졌다. 이러한 상황에서 1924년 설립된 요코하마 고공 건축과가 채택한 예술로서의 건축 철학과 디자인 중심의 커리큘럼은 상당히 예외적인 것이었다.

요코하마 고공 건축과의 체계를 만드는 데 핵심적인 역할을 담당한 이는 다름 아닌 김중업의 스승이자 파리의 에콜 데 보자르 출신의 프

황기 2600년
봉축행진 때의
요코하마
고등공업학교
나카무라 준페이
교수. 산케이엔,
1940.

랑스정부 공인건축가 나카무라 준페이 교수다. 나카무라는 건축과 미술, 조각이 통합되어 출범한 보자르 전통에 입각해 건물 설계뿐 아니라 다수의 벽화 작업과 선박 인테리어를 담당했으며, 1961년 자신의 건축론을 집대성한 『건축이라는 예술』을 출간했다.[3] 1925년 『건축잡지(建築雜誌)』에 발표해 반향을 일으킨 「요코하마 고공 건축학과의 입학 지망자에게」에는 '건축가는 엔지니어가 아니라 예술가'라고 단언하고, 구조 전문가와 건축가를 동일시하는 것 때문에 일국 문화의 한 요소인 건축예술이 저하되는 일이 있어서는 안 된다고 주장했다.[4] 그는 건축가가 되기 위한 필수 조건으로 기술 연마가 아니라 사생 능력을 강조했는데, 이러한 입장은 디자인을 강조하는 요코하마 고공의 학제에 고스란히 반영되었다.[5] 즉 일본과 서양 고전의 건물을 그리는 '건

고공 건축과
제도실 풍경.
1940년대 초.

축도화' 수업을 기본으로, 16시간 에스키스, 24시간 에스키스 등 강
도 높은 설계 교육이 강조되었다. 나카무라가 보자르에서 가져온 것
은 엄격한 데생과 역사 교육뿐 아니라 보자르 학생예술제를 본뜬 이색
적인 거리축제인 건축과대행진(建築科大行進, 1928-1936)을 꼽을 수
있다. 유럽의 전통 의상을 입고 문화와 예술을 주제로 거리를 행진하
는 건축과대행진은 이 학교의 유럽 지향적이고 자유로운 학풍을 보여
주는 명물이었다. 김중업이 재학하던 1940년에는 황기 2600년을 기

'건축 그림
두루마리
(建築絵巻),
고딕'을 주제로 한
'예술행진'.
산케이엔, 1941.
(왼쪽)
'대아시아주의'를
주제로 한 제5회
고공 건축과대행진
포스터. 1933.
(오른쪽)

넘해 요코하마를 벗어나 도쿄의 황궁 앞까지 행진을 이어 가기도 했
다. 이듬해인 1941년에는 전쟁 중이었기에 시가지로의 행진은 불가능
했고, 요코하마 산케이엔(三溪園)에서의 행진으로 그쳤다. 이는 '건축
과대행진'과는 달랐지만 당시의 학생들은 '예술행진'으로 여겼다고 한
다. 미술과 문학에 재능을 보이던 김중업이 『수험순보(受験旬報)』에서
접한 요코하마 고공의 소개에 이끌려 진학을 결심하게 된 것은 우연이
아니다.[6] 여기서 김중업은 그의 특기로 알려진 빠르고 유려한 드로잉
실력뿐 아니라, 프랑스로 대표되는 서구 건축에 대한 동경, 그리고 무
엇보다도 건축을 공학이 아니라 예술로 보는 평생의 건축관을 장착하
게 되었을 것이다.

건축이 기술이냐 예술이냐 하는 문제는 해묵은 논쟁거리로 여겨질 수 있다. 그러나 건축가가 '쟁이'나 '업자'와 동일시될 정도로 근대적인 건축 직능에 관한 인식이 부재했던 해방 이후 한국 사회에서는 특정한 역사적 의미와 효과를 갖는다. 건축의 정체성과 관련해 『조선건축』에 발표된 두 편의 글에 주목할 만하다. 먼저 경성고공 출신의 이천승(李天承, 1910-1992)은 창간호에 발표한 글에서 건축가의 사회적 위상을 확립하기 위해 전문적인 기술을 가진 '건축 기술자'로서의 건축가 상을 역설했다.[7] 스스로를 도구적 기술자로 규정한 이천승의 주장은, 개인적인 차원에서는 남만주철도주식회사에서 근무했던 친일 활동에 면죄부를 주는 한편, 국가적으로는 재건과 근대화라는 해방 공간의 시급한 요구에 응답했다. 한편, 이희태(李喜泰, 1925-1981)는 「신건축의 이념」에서 건축은 단순히 기술로서만이 아니라, 시대를 반영하는 문화와 예술로 이해해야 한다고 보고, 해방 조국에서의 건축가는 예술가이면서 과학자라는 자부심을 갖고 자신의 임무를 정확히 파악해야 한다고 주장했다.[8] 이희태가 선배 세대인 이천승보다 역사와 사회 문제에 대해 보다 공세적인 태도를 취할 수 있는 입장에 있었던 것은 그가 김중업과 마찬가지로 본격적인 친일 활동을 요구받기에 아직 어렸던, 1920년 전후에 출생한 '학병세대'라는 점과 무관하지 않다.[9] 거칠게 분류해 본다면, 기술로서의 건축은 서구 공법과 신재료를 적극적으로 받아들인 기능주의적 국제주의 건축의 유행으로 이어졌고, 예술로서의 건축은 독창성과 지역성에 방점을 둔 한국적 모던 건축의 추구로 나아갔다. 전후 복구와 재건이 시급했던 한국 사회의 요구에 응해 실질적으로 건축계를 주도했던 것은 전자이지만, 적어도 담론의 영역에서는 후자가 젊은 건축가들의 지지를 받았다.[10]

건축을 예술의 범주로 이해한 대표 주자인 김중업은 1950년 5월 문예지 『학풍』에 처음으로 자신의 건축관을 공표했다. 해방 후 월남해 서울대 조교수로 재직하던 당시 발표한 이 글에서 건축이 '기술과 예술에 양다리를 걸친' 존재라고 규정하고, 건축의 사회적 위상을 확립하기 위해 필요한 것은 건축가들의 단결뿐 아니라 널리 '문화인들과의 연대'라고 제안했다.[11] 즉 건축을 전문적이면서도 예술적인 직능의 영역으로 위치시키기 위해 문학이나 미술 등 기존에 확립된 인접 예술 분야의 협조를 구해야 한다는 것이다. 실제로 당시 김중업의 인맥

은 건축계를 넘어 조병화, 구상, 유치진, 오상순, 모윤숙, 변영로, 최현
배, 김광섭 등 문인과 김환기, 이중섭, 유강렬, 윤효중, 이경성, 최순우
등 미술계·문화계 인사를 포함한다. 이렇듯 왕성한 학제 간의 교류가
가능했던 것은 분과별 장벽이 공고해지기 이전, 경계를 넘나들며 예
술가들이 자유롭게 교류하던 해방 공간의 성격과 무관하지 않다. 특히
한국전쟁 중 임시 수도 부산은 전국 각지에서 모여든 예술가들이 한정
된 장소에서 출신지와 분야에 관계없이 평시라면 불가능했을 압축적

부산 피란
시절의
김중업.
1950년대 초.

이고 광범위한 교분을 맺을 수 있는 기회를 제공했다. 김중업이 단골
로 다니던 광복동의 금강다방은 한국적 추상화를 지향했던 신사실파
미술운동의 아지트이자, 각종 문화행사와 전시회가 열리던 임시 수도
문화예술의 메카 중 한 곳이었다. 여기서 김중업은 신사실파 동인에
의해 그룹의 정식 일원으로 회고될 정도로 김환기, 이중섭 등 미술가
들과 친밀하게 교류하게 된다.[12] 당시 김중업은 박학재와 함께 시인 조
병화를 위해 부산 송도 앞바다에 '패각의 집'으로 널리 알려진 송도의
원 건물을 설계해 주기도 했다. 비록 전쟁으로 생존을 위협받던 암울
한 상황이었지만, 마음 맞는 사람들끼리 다방이라는 해방구에 모여 잠
시나마 치열하게 실존적 고민과 예술세계를 나눌 수 있었던 이 시기를

아내가 의사로
있으며 운영했던
송도의원 간판
앞에 선
조병화 시인.
이 건물은
김중업이 부산
피란 당시
설계했다.
1950년대 초.

김중업은 조병화의 시구를 인용해 '바람 불던 시절'이라고 낭만적으로 회고했다.[13]

　건축을 예술의 지위로 격상시키는 것은 김중업 개인만의 바람이라기보다는, 1950년대 한국 건축계의 시대적 요청이기도 했다. 금강다방에서 열린 문총(전국문화단체총연합회) 회원들의 결의로 김중업이 윤효중, 김소운, 오영진, 김말봉 등 당대의 유명한 화가, 문인들과 함께 1952년 베니스에서 열린 유네스코 국제예술가대회에 참석하는 것이 결정되었을 때, 이는 건축이 예술의 일부로 공인받은 사건으로 여겨졌다. 당시 김중업과 가까웠던 건축가 엄덕문(嚴德紋, 1919-2012)은 전쟁 중이라 다들 힘들었지만, 동료의 유네스코 회의 참석이 '건축쟁이' 전체의 위상을 높이는 일이라 보고 김중업의 여비 모금에 앞장섰다고 회상했다.[14] 예술의 조력으로 건축의 위상을 확립하는 데 김중업과 뜻을 같이 했던 엄덕문은 전쟁 직후인 1954년 홍대 미술학부 소속으로 신설된 건축미술학과에 강명구, 정인국 등과 함께 교수로 부임했고, 이후 김중업도 여기에 가세했다. 당시 홍대의 실력자였던 김환기, 윤효중의 '건축예술에 대한 이해'가 크게 작용한 것으로 알려진 홍대 건축미술학과는 와세다 대학이나 요코하마 고공처럼 디자인에 방점을 둔 교과과정을 운영하며 학생 졸업전을 개최하는 등 건축이 예술이라는 사회적 인식을 확산하는 데 기여했다. 1955년, 제4회 「대한민국미술전람회」(이하 「국전」)을 시작으로 건축이 「국전」에 참여하게 된 것은 미

제5회 「국전」 단체사진. 맨 뒷줄 오른쪽에서 세번째가 김중업이다. 1956.

술의 아우라에 기대어 사회적 지위를 높이기 위한 건축가들의 노력의 작은 결실로 볼 수 있다. 이러한 노력은 1957년 '작가'로서의 건축가의 권익을 위해 김중업 등이 참여한 한국건축작가협회(이후 한국건축가협회로 개칭) 발족으로 이어진다. 발기 취지문은 "작품의 예술적인

향상과 작가의 권익을 옹호하고 아울러 건축문화 발전에 기여"한다는
협회의 취지를 분명히 밝히고 있다.[15]

김중업이
근무할
당시 파리
르 코르뷔지에
아틀리에 풍경.
1954.

　예술가들과 어울리며 막연하게 작가로서의 자의식을 키워 가던 김
중업에게 1952년부터 삼 년 이 개월간 르 코르뷔지에의 아틀리에에
서 보낸 시간은 단순히 건축가가 아니라 화가, 조각가, 시인, 이론가,
도시계획가의 역할을 수행하는 총체예술가로서의 구체적인 건축가상
을 접하게 된 시기였다. 1956년 귀국한 김중업은 스승의 건축론을 여
러 편 발표하며 스스로를 르 코르뷔지에의 화신으로 내세우고자 했다.
1957년 4월, 공보실 공보관에서 귀국 일 주년을 맞아 개최된 「김중업
건축작품전」은 '예술가 김중업'의 성공적인 귀환을 건축계 안팎에 홍
보하는 화려한 이벤트로 행해졌다. 김중업이 미술가의 전유물인 전시
회를 통해 귀국과 출국 등 자신의 경력에 결절점이 되는 매 순간을 공
론화한 데는, 건축과 도시에 관한 새로운 아이디어를 공개하고, 여기서
얻은 인지도와 명성으로 건축주를 확보하는 데 발군의 재능을 보인 르
코르뷔지에의 영향이 작용했을 것이다. 한국 최초의 건축가 개인전이

프랑스에서
귀국 후 연
「김중업건축
작품전」에서
자신의 작업을
설명하는
김중업.
1957.

라는 역사적 의미를 갖는 이 전시의 평론은 건축예술에 대한 김중업의 생각에 공감하고 전시라는 포맷에 익숙한 그의 미술계 지인들의 몫이 었다. 화가이자 공예가인 정규는 '김중업의 건강한 정열이 우리 문화의 악조건을 뚫고 나오기를 바란다'며 동료 예술가에 대한 심심한 격려를 아끼지 않았고,[16] 평론가 이경성은 철저한 모더니스트답게 김중업 건축이 주는 '신선한 현대적 감각'이 르 코르뷔지에의 국제주의 건축과 프랭크 로이드 라이트 류의 유기적 건축을 아우르는 국제 건축계의 최신 조류와 직접 닿아 있는 데 기인한다고 평했다.[17] 이 전시는 김중업 개인에게는 예술가·작가로서의 존재를 각인시키는 역할을 했을 뿐더러, 사회적으로 건축이 전문적이고 예술적인 분야라는 점을 홍보하고 계몽하는 역할을 했다.

1950년대 중반, 르 코르뷔지에의 유일한 한국인 제자라는 훈장을 단 김중업은 더 이상 예술계의 승인을 바라는 젊은 건축가가 아니라, 누구나 어울리고 싶어 하는 문화예술계의 명망가로 부상했다.[18] 당시 김중업에게는 서구 모더니즘에 대한 동경을 가진 야심 찬 예술가들을 끌어모으는 힘이 있었고, 박서보, 윤명로, 윤형근 같은 젊은 미술가들이 그의 사무실을 들락거렸다. 설계 활동 외에도 그는 한국미술평론인

김중업건축연구소를
방문한 윤형근.
1950년대.

협회(1958)와 한국미술평론가협회(1960)의 창립 멤버로 참여하며 평론 활동을 했다. 그의 미술비평은 인상비평의 수준을 크게 넘어서지 못하지만, 적어도 국내외 미술계의 최신 동향에 대한 해박한 지식을 보여 준다.[19] 뿐만 아니라 1956년 9월부터 판화가 이항성이 발간한 한국 최초의 미술잡지 『신미술』의 창간에 힘을 보태며 필진으로도 참여했다. 이 시기 김중업의 교우는 문예계를 넘어 장준하, 김준엽, 조동화, 한운사, 조지훈 등 『사상계』 필진을 중심으로 한 당대 지식인에게까지 확장되고, 이러한 인연으로 1961년 세계문화자유회의 한국지부의 창립회원으로 참여해 한국 지성계의 중심에서 활동하게 된다.[20]

김중업이
당시 여러
예술인들과
교유하며
동인으로
참여했던
『신미술』
1956년 9월
창간호.

주한프랑스대사관 벽화와 '예술의 종합'

1959년 현상공모를 통해 맡게 된 주한프랑스대사관(1962)은 김중업이 예술가로서 자신만의 조형세계를 확립한 시발점이자, 미술가들과의 교류가 실제 협업으로 이어진 대표적인 예이다. 프랑스대사관 자체는 전통을 현대화한 김중업의 대표작으로 평가받으며 활발하게 논의되었지만, 윤명로, 김종학이 담당한 건물 외벽의 모자이크 벽화는 강렬한 조형성과 압도적인 존재감에도 불구하고 오랫동안 건축계와 미술계 모두에서 잊힌 이미지로 남아 있다.[21] 대사관 벽화에 대한 논의가 부재한 데에는 일반인의 출입이 엄격히 제한된 외국 공관이라는 건물의 성격뿐 아니라, 건축과 미술 간의 학제적 장벽이 작용했을 것이다. 또한 벽화 작업에 김중업이 어느 정도 개입했는지, 그 협업의 성격과 정도를 확인하기 어렵다는 기술적 문제도 김중업 연구에서 배제된 이유이다. 김중업이 벽화 제작에 직접 개입하지 않고 미술가들에게 위임했다는 윤명로의 기억을 토대로 본다면, 실질적인 협업이라기보다는 건축가와 미술가 간의 분업에 가까운 형태로 작업이 진행되었을 것으로 추측된다.[22] 그럼에도 불구하고 대사관 벽화는 건물의 부수적인, 혹은 건물과는 별개의 장식물이 아니라, 김중업과 예술가들의 지속적인 교류의 산물이자, 건축과 '자매예술'과의 횡적 교류와 연대를 강조하는 김중업 예술관의 산물로서 중요하게 다룰 필요가 있다.[23]

벽화는 대사집무동을 제외한 대사관저, 직원업무동, 직원숙소 외벽에 위치한다. 당시 20대 중반이었던 서양화가 윤명로와 김종학은 광주 분원리와 경주 등 전국 각지를 돌며 수집한 이조백자, 조선청자, 현대 도자기, 옹기, 토기, 기와 조각 등을 공장생산된 원색의 타일과 함께 붙여 입체적 표면 효과가 강조된 모자이크 부조를 제작했다. 안토니오

p. 160-161

주한 프랑스대사관
세라믹 벽화 작업
현장. 왼쪽부터
차례대로 김종학,
김중업, 윤명로.
1960년대 초.

가우디의 깨진 타일을 이용한 구엘공원 모자이크나 줄리언 슈너벨의 1980년대 접시회화(plate painting) 연작을 연상시키는 이 작품은 멀리서 보면 활달하고 대담한 유기적 추상의 도안이 나타나지만, 가까이에서 보면 서로 다른 종류의 도자기와 옹기 파편이 가진 문양과 색, 질감 등 다채로운 시각 정보로 가득 차 있다. 윤명로와 김종학이 1960년 10월 덕수궁 담벼락에 앵포르멜 계열의 대형 캔버스를 전시했던 「미협전」의 주요 멤버였다는 점을 고려할 때, 벽화의 건축적 스케일과 도기 재질의 부조가 갖는 촉각적 표면효과는 그다지 놀라운 일이 아니다. 그러나 격정적인 에너지와 흐르는 듯한 비정형의 형태를 보여 주는 앵포르멜 작업에 비해, 벽화는 다소 정돈되고 장식적인 패턴을 갖는다. 벽화는 건물의 표면 효과를 극대화하고, 브루털리즘(Brutalism) 계열의 회색 노출콘크리트 건물에 색채와 장식을 불어넣는 것에 더해, 대사관 부지의 현상학적 지각 경험에 관여한다.[24] 즉 양식적 일관성을 갖는 벽화의 존재로 높이와 축을 달리해 흩어져 있는 건물들이 유기적으로 연결되는 한편, 파격적인 형태의 지붕으로 이미 강력한 시각적 존재감을 갖는 대사집무동만 자갈과 콘크리트로 된 거친 패널로 마무리하고, 나머지 건물들은 다색 부조 벽화로 장식해 시각적 균형을 이룬다.

주한프랑스대사관의 벽화는 전후 국제 건축계에 부상한 건축, 미술, 조각의 통합에 대한 열망, 즉 예술의 종합(synthesis of the arts)의 자장 속에서 이해될 수 있다. 물론 예술의 통합에 대한 논의는 결코 새로운 것은 아니다. 르네상스 이후 확립된 각 예술 분과의 전문성과 자율성에 기반한 분화를 넘어서려는 시도는 이미 19세기 말 미술과 공예운동을 필두로 바우하우스, 데 스테일 등 20세기 초 근대건축운동에서 그 선례를 찾을 수 있다. 그러나 이차세계대전 이후, 단순한 물리적 재건을 넘어 파괴된 공동체를 회복하는 보다 인간적인 도시환경의 시대적 요구 속에서 예술의 통합에 관한 논의가 재조명되었다. 전후 약 십년간 이 담론을 국제 건축계의 주요 의제로 소환한 이는 다름 아닌 르 코르뷔지에다. 그는 1944년 레지스탕스 계열의 잡지에 발표한 선언문 「통합을 향하여(Vers l'unité)」에서 건축, 미술, 조각의 통합을 '위대한 해방의 시대'의 국가적 과제로 강조했다.[25] 이미 1920년대부터 페르낭 레제, 아스게르 요른 등과 다색 벽화를 협업해 왔던 르 코르뷔지에가 근대건축국제회의(CIAM)를 통해 '종합(synthesis)'을 주장한 데는, 비시 정권에 협업했던 과거와 결별해 전후를 대표하는 건축가로 거듭나고자 한 개인적 야심과 함께, 미국으로 이동 중이던 건축의 패권을 예술의 아우라에 기대 프랑스로 돌려놓으려는 문화적 민족주의가 작동한 것으로 논의된다.[26]

요코하마 고공에서의 유학 시절이 김중업에게 '건축은 예술'이라는 확고한 신념을 갖게 해 준 첫번째 도약기라면, 르 코르뷔지에와의 만남은 그의 두번째 도약기로 볼 수 있다. 파리에서 김중업은 모더니즘 건축의 최신 동향을 근거리에서 체험했을 뿐 아니라, 틈날 때마다 파리의 화랑을 돌며 파블로 피카소, 앙리 마티스, 페르낭 레제 등 국제 미술계의 동향을 관심있게 지켜보았고, 여러 예술의 종합에 관한 동시대 예술가들의 유토피아적 열망을 접했다. 특히 김중업이 르 코르뷔지에 사무실에서 맡은 최초의 작업으로 알려진 인도 펀자브 주의 찬디가르 프로젝트는 건축과 미술을 통합시키려는 시도로서 자세히 살펴볼 필요가 있다. 노출콘크리트, 필로티, 옥상정원, 조각적 오브제성이 강한 지붕 등 르 코르뷔지에의 대표적인 양식을 보여줄 뿐 아니라, 건물 내외부를 세라믹 모자이크와 태피스트리, 조각 등으로 장식한 대규모 프로젝트이다. 르 코르뷔지에는 미술가들과의 협업을 통해 다색 벽화를 제작하던 이전의 협업 방식에서 벗어나, 건물에 놓이는 미술과 조각 일체를 담당하는 멀티 플레이어를 자처했다. 찬디가르에서 김중업은 행정청사와 주의회, 주지사관저 도면 작업에 참여하는 한편, 고등법원 내부에 걸릴 태피스트리를 구현하기 위한 일련의 드로잉을 제작했다. 직물 산업이 발달한 인도의 지역성을 반영한 고등법원 태피스트리에는 해, 달, 구름, 번개 등의 천체 도상과 법원의 상징인 저울, 열린 손

등의 구상적인 모티프가 강렬한 붉은 색면을 배경으로 배치되어 브루
털리즘 건물의 거칠고 차가운 느낌을 상쇄시킨다. 비록 김중업의 역할
은 르 코르뷔지에의 스케치를 건물 벽면의 위치와 표준색을 고려해 재
작업하는 일에 한정되었지만, 태피스트리 작업에 참여하는 과정을 통
해 건물을 덮는 대형 벽화의 개념, 나아가 건조 환경의 조형 일체를 진
두지휘하는 건축가상을 접할 수 있었을 것이다.

　문화예술 종주국으로서의 국가 이미지를 표현하는 데 관심이 많았
던 프랑스대사관은 김중업이 파리에서 접한 예술의 대통합에 대한 구
상을 실현하기에 더할 나위 없이 좋은 기회였다. 실제로 프랑스대사관
은 모자이크 벽화 외에도 한국과 프랑스의 전통 공예품과 현대미술을
내부에 전시하고, 정교하게 선정한 식수, 연못, 전통 석물로 꾸며진 정
원 등 하나의 미술관을 방불케 한다. 김중업은 대사관 작업이 한창 진

주한프랑스대사관
전통 석물 정원.
1960년대 초.

행 중이던 1960년 12월, 『조선일보』에 발표된 유강렬과의 대담에서
예술의 종합에 대한 구상을 드러냈다.[27] 이 대담에서 김중업은 "공간
미는 뭇 예술이 종합되어야" 한다며 건축과 공예가 공간에서 어우러질
것을 주장하고, 그 예로 같은 해 11월 홍대 공예전에 출품된 세라믹 벽
화를 언급했다. 김중업이 협업 파트너로 택한 홍대 동료 교수이자 부
산 시절부터의 지인인 공예가 유강렬은 대사관 내부를 장식하는 세라
믹 벽화를 제작했다. 비록 유강렬의 내벽 벽화는 현재 유실되었지만,
그의 작품집에 흑백사진이 수록되어 특유의 민화적 모티프를 단순화
한 반추상의 도안이 사용되었음을 확인할 수 있다.[28]

　대사관 벽화는 동시대 국제 건축계의 화두인 예술의 종합론적인 맥
락에서 진행되었지만, 각종 도자기와 옹기 파편이라는 토속적인 매체
로 국제주의 건축에 한국성의 기표를 극적으로 도입했다. 도자기를 주

주한프랑스대사관
모자이크 벽화.
1960년대 초.

재료로 택한 이유는 민예적인 것에 대한 전후 한국 예술계의 관심 속
에서 생각해 볼 수 있다. 일제시대 미학자 야나기 무네요시(柳宗悅,
1889-1961)가 백자에 매료되어 선의 미, 백색의 미, 비애의 미 등을
논한 이래, 도자기는 민중의 생활과 밀착된 소박하고 단순한 한국미를
보여 주는 대표적인 예술 장르로 여겨졌고, 해방 후에도 고미술 수집
목록 1호로 사랑받았다. 미술계의 대표적인 도자기 애호가로는 김중업
의 친우이자 신사실파 동인인 김환기와 이중섭을 꼽을 수 있다. 이들은
도자기를 중심으로 한 고미술 수집에만 그치지 않고, 작품의 모티프로
도입함으로써 한국적 모더니즘을 정초하고자 했다. 김환기가 이조백
자의 형태에 관심을 갖고 달항아리 연작을 제작했다면, 이중섭은 분청
사기 등에 그려진 천진하고 활달한 문양에 관심을 가졌다. 그러나 대사
관 벽화는 도자기의 형태적 모티프를 가져오는 대신, 도자기 파편을 재
료로 이용하되 추상의 형식과 기념비적 스케일로 재구성한다는 점에서
전통에 대한 보다 복합적이고 독창적인 접근을 보여 준다. 도자기와 옹
기, 타일을 활용한 모자이크 벽화는 이후 정규가 작업한 김수근의 오양
빌딩 벽화(1964), 김영주가 담당한 김수근의 세운상가 벽화(1967) 등
1960년대 건축가와 미술가의 협업의 한 유형으로 정착된다.

김수근이
설계하고
정규가
작업한
오양빌딩
벽화.

　　1950년대 중반 이후, 도자기의 미적 가치의 재평가와 함께 전통 공예의 현대화, 실용화, 세계화를 위한 시도가 가속화되었다. 1954년 뉴욕 록펠러 센터의 원조를 받아 정규, 유강렬이 연구원으로 참여한 한국조형문화연구소가 공예 중흥을 기치로 설립된 데 이어, 윤효중도 가마를 짓고 수출을 위한 생활 도자기 생산에 적극 뛰어들었다. 이러한 분위기 속에서 김중업이 생활미로서 민예에 매료되고, 자연과 조화된 민가를 높이 평가한 것은 그리 놀라운 일이 아니다.[29] 한국 건축계에 본격적인 전통 논쟁이 1960년대 중후반 부여박물관, 국립중앙박물관 사태를 계기로 등장한 것을 고려한다면, 더 이른 시기인 1950년대부터 김중업이 전통을 지속적으로 강조한 데는 미술계의 영향이 지대했음을 짐작할 수 있다. 그는 미술가 동료들과 고미술 취미를 공유했고, 특히 석공예에 상당한 흥미를 보여 1970년 민예동인이 주최한 신세계화랑의 「한국민예전」에 자신의 수집품을 출품하기도 했다. 민예에 대한 관심은 자연스럽게 일상 공간 속에 다양한 장르의 예술이 어우러지는 종합론과 접속한다. 앞서 언급한 유강렬과의 대담에서 김중업은 기와지붕 아래 항아리와 죽기 등 다양한 공예품이 좌식 생활에 맞게끔 자연스럽게 놓여 있는 전통 주거를 '뭇 예술이 종합'된 이상적인 공간으로 꼽았다.[30] 미술관의 벽을 넘어 생활 속에 예술을 끌어들이려는 김중업의 열망은 이후 1981년, 자신의 건축연구소 부설로 일호화랑(一號畵廊)을 개관하는 데까지 나아간다. 이름 그대로 작지만 경제적 부

김중업이 자신의
건축연구소 부설로
연 일호화랑
소개 신문기사.
「조선일보」
1981. 8. 26.

담 없이 생활에서 즐길 수 있는 소품을 취급한 화랑으로, 현대 주거 공간에 예술을 끌어들이려는 노력의 일환이었다.

예술가 시대의 종언

프랑스대사관 이후에도 김중업은 <u>육군박물관(1983)의 스테인드글라스(오인환), 부산충혼탑(1983)의 조각(최기원)</u>에 이어, 자신의 유작이 된 올림픽 세계평화의문(1988)의 사신도(백금남)와 열주 탈(이승택) 등까지 미술가들과의 협업을 지속했다. 그러나 1960년대 들어 건축,

p. 180

올림픽
세계평화의문
사신도 현장
작업 중인
백금남(왼쪽)과
괴면 두상
작업 중인
이승택(오른쪽).
1988.

조각, 회화, 디자인을 통합하려는 전후의 유토피아적 시도가 쇠퇴하면서, 건축을 '어머니 예술'로 보는 기존의 패러다임은 시대적, 사회적 유효성을 상실하게 된다. 1965년 르 코르뷔지에의 사망은 건축을 중심으로 여러 예술이 공존하는 전후 종합론의 종언을 알리는 모멘텀으로 여겨졌고, 태피스트리나 스테인드글라스, 모자이크 벽화 등은 철 지난 매체로 간주되었다. 예술의 종합론을 대체해 건축가와 미술가 간 협업의 새로운 모델로 떠오른 것은 움베르토 에코가 제안한 '열린 예술작품(open work)', 즉 관람자의 참여와 해프닝적 요소를 포함한 보다 탈경계적이고 개방적인 예술이다.[31] 사이버네틱스나 시스템 이론, 네트워크 이론 등 테크놀로지의 발전이 촉발한 '열린 예술작품'은 건축, 미술, 조각 등 개별 장르의 고정된 범주를 해체하고, 빛, 색, 소리, 움직임, 관람자와의 상호작용을 포함한 확장된 멀티미디어 환경을 출현시켰다. 이 새로운 협업의 패러다임은 진지한 예술가가 아니라 능수능란한 조정자이자 기획자를 요구했고, 이 역할에 부합했던 이는 김중업에 이어 건축계의 주도권을 잡게 된 김수근이었다.

이 글이 주목한 1950년대의 김중업은 고독한 천재이자 건축계의 외톨이라는 기존의 이미지와는 달리, 젊은 건축가들의 우상이자 문화

예술계의 명망가였고, 다방면으로 인적 네트워크를 확보하고 각종 국가 프로젝트를 도맡았던 전후 한국 사회의 실력자였다. 김중업은 외부로부터 이식된 뿌리 없는 건축 직능의 자율성과 정체성을 구축하기 위해 '예술'에 의존했고, 그가 구축한 예술가로서 셀프이미지는 한국 건축가 전체의 사회적 위상을 높이는 역할을 수행했다. 그가 주창한 예술로서의 건축은 보편적인 미의 추구를 넘어, 진공 상태나 다름없는 척박한 조건 속에서 서구와의 시차를 갖고 근대건축을 추구하던 한국의 후기식민적 현실에 대응하기 위해 전략적으로 소환된 개념이다. 즉 기술적 물적 토대 없이 모더니즘을 도입한 한국 건축이 서구 건축의 단순한 모방을 넘어 독자적이고 지역적인 건축을 시도하기 위해 '예술' 개념이 절실히 요구된 것이다. 그러나 예술가의 시대는 영원히 지속되지 않았다. 해방과 전쟁의 혼란 속에서 분과 간 경계를 넘나들며 국가 세우기에 여념 없던 1950년대와 달리, 여러 분과의 기틀이 정착되고 근대화와 경제 발전을 국시로 일사불란하게 움직이던 1960년대 이후 예술가로서의 건축가상은 전문적인 기술관료형 건축가에 의해 대체된다. 1971년, 김중업이 정권과의 불화로 한국을 떠난 것은 낭만적인 영웅의 시대가 끝났음을 공표하는 사건이었다. ▨

주(註)

1. 정인하, 『김중업 건축론: 시적 울림의 세계』, 산업도서출판공사, 1998.
2. 정인하, 위의 책, p. 7. 정인하의 관점은 '김중업의 낭만'을 주제로 한 『건축신문』 특집에서 보듯, 최근까지도 김중업을 설명하는 중요한 프레임으로 작동한다. 『건축신문』 Vol.11, 정림건축문화재단, 2014. 10 참고.
3. 中村順平, 『建築という芸術』, 東京: 彰国社, 1961. 나카무라의 대표적인 벽화로는 도쿄역 RTO 벽화조각(1946-1947), 요코하마은행 대벽면 조각(1964), 야마구치은행 본점 벽화조각(1960) 등을 꼽을 수 있다.
4. 中村順平, 「橫濱高等工業學校建築學科入學志望者へ」 『建築雜誌』, 東京: 日本建築學会, 1925. 5: pp.33-35.
5. 나카무라의 건축세계와 요코하마 고공의 학제에 관해서는 大阪歷史博物館編, 『大阪歷史博物館 所蔵資料集 5: 建築家·中村順平資料』, 大阪: 大阪歷史博物館, 2009; 大阪歷史博物館編, 『大阪歷史博物館 所蔵資料集 14 建築家·中村順平資料 2』, 大阪: 大阪歷史博物館, 2016 참고.
6. 김중업과 김정동 대담, 「김중업, 건축가로서의 회상과 전망」 『꾸밈』 31호, 토탈디자인, 1981. 6, p.59.
7. 李天承, 「現段階의 建築家의 進路」 『朝鮮建築』 第1券 第1輯, 朝鮮建築技術團, 1947. 3, pp.8-9.
8. 李喜泰, 「新建築의 理念」, 『朝鮮建築』 第1券 第2輯, 朝鮮建築技術協會, 1947. 6, pp.32-33.
9. 전후 엘리트의 성격에 관한 세대론적 접근으로는 김건우, 『대한민국의 설계자들: 학병세대와 한국 우익의 기원』, 느티나무책방, 2017 참고. 김건우는 학병세대를 대략 1917-1923년에 출생했고 일제 강점기 고등교육을 받은 최고 엘리트라고 설명했다.
10. 안창모는 1950년대 한국 건축의 특징으로 '건축예술로의 의지'를 꼽았다. 한국예술종합학교 한국예술연구소 편, 『현대예술사대계 II, 1950년대』, 시공사, 2000, pp. 349-402.
11. 金重業, 「建築五十年」 『學風』 五月號, 乙酉文化社, 1950. 5, p.37, p.47.
12. 白榮洙, 「新寫實派」 『朝鮮日報』, 1956. 6. 25.
13. 김중업과 김정동 대담, 앞의 책, p.64.
14. 안창모·우동선 구술 채록, 한국예술종합학교 한국예술연구소 편, 『한국 근현대사 구술채록연구 시리즈 14, 엄덕문』, 한국문화예술진흥원, 2004, p.288-395.
15. 박경립, 「한국건축가협회의 창립 과정과 의의」 『건축과 사회』 제25호, 새건축사협의회, 2013. 12, pp.52-67.
16. 鄭圭, 「情熱의 所産」 『東亞日報』, 1957. 4. 27.
17. 李慶成, 「新鮮한 現代的 感覺 上, 下」 『朝鮮日報』, 1957. 4. 19-20.
18. 1950년대 말부터 1960년대 초 김중업의 직함은 국전 심사위원, 문화재위원, 석굴암 보수책임자(1961), 서울시문화상 수상자(1962), 청소년영화제 추천위원(1960), 심지어 제주미인대회 선발위원(1962)에까지 이른다.
19. 김중업이 정식으로 미술비평을 발표한 것은 확인되지 않지만, 좌담회나 세미나에서 당대 미술을 평가한 내용이

일간지에 얼마간 소개되었다. 「질적 비약 꾀한 현대미술: 제5회 「현대미전」을 결산하는 좌담회」 『조선일보』, 1961. 4. 25; 「현대예술과 현대미술의 방향: 특별 세미나르에서」 『동아일보』, 1963. 5. 4; 이경성, 「새로운 차원에의 도전, 제3회 문화자유초대전」 『동아일보』, 1964. 11. 12 참고.
20. 세계문화자유회의는 1951년 냉전 상황 속에서 소위 자유진영 지식인과 문화예술가들의 범연대를 주창하며 세워진 국제 조직으로 1961년 한국지부가 발족되어 각종 세미나, 문화행사, 전시 등을 주최하며 1967년 사실상 해체될 때까지 한국 지성계에서 중심적인 역할을 했다. 세계문화자유회의에 관한 연구로는 권보드래, 「「사상계」와 세계문화자유회의」 『아세아연구』 제54권 2호, 고려대학교 아세아문제연구소, 2011. 6, pp.248-288 참고.
21. 예외적으로 이경성이 『공간』 김중업 특집호에서 주한프랑스대사관을 언급하며 「건축의 성공에 비하여 그의 벽장식 즉 신라토기나 이조자기 등으로 이룩된 모자이크는 실패작」이라고 간략하게 평가했다. 그 이유에 관한 부가 설명은 없지만, 현대적인 건물에 전통적인 매체의 모자이크를 장식으로 사용한 것이 모더니스트로서의 이경성의 입장과 충돌했을 것으로 짐작해 볼 수 있다. 이경성, 「작가론」 『공간』 5호, 공간사, 1967. 3, p.25.
22. 윤명로와 필자와의 전화 인터뷰. 2018. 7. 12
23. '자매예술'이라는 용어는 바우하우스 등 20세기 아방가르드 건축운동을 소개한 다음의 글에서 등장한다. 金重業, 「現代建築思潮와 우리의 現實」 『思潮』 1號, 思潮社, 1958. 6, p.226.
24. 정인하는 주한프랑스대사관 건물의 '시·지각적 체계'를 자세히 논의했지만, 벽화의 역할을 고려하지는 않았다. 정인하, 앞의 책, pp.95-102.
25. Le Corbusier, "Vers l'unité," Volontés, December 13, 1944; reprinted in Oeuvre complète 1938-1946, Zurich: Edition Girsberger, 1955, pp. 152-155.
26. Nicola Pezolet, Reconstruction and the Synthesis of the Arts in France, 1944-1962, New York: Routledge, 2018, p. 3.
27. 김중업과 유강렬 대담, 『조선일보』, 1960. 12. 22.
28. 유강렬작품집발간위원회 편, 『유강렬 작품집』, 삼화인쇄사, 1981. 비록 유강렬은 주한프랑스대사관 외벽의 모자이크에 직접 관여하지 않은 것으로 알려져 있지만, 그의 역할에 대해서는 후속 연구가 필요하다.
29. 김중업, 『김중업: 건축가의 빛과 그림자』, 열화당, 1984, pp. 214-219.
30. 김중업과 유강렬 대담, 앞의 신문.
31. '종합'에서 '열린 예술작품'으로 건축과 미술 간 협업의 패러다임 전환에 관해서는 Eeva-Liisa Pelkonen and Esa Laaksonen eds., Architecture+Art: New Visions, New Strategies, Helsinki: Alvar Alto Academy, 2007 참고.

이세영

현세의
비루함과
격투한
모더니스트
—
김중업과
그의 시대

이세영(李世榮)은 연세대학교 신학과
및 동대학원 사회학과를 졸업했다.
『서울신문』을 거쳐 2008년 『한겨레』로 옮긴
뒤에는 문화부 학술담당과 한겨레21부
사회팀장을 지냈으며, 현재 『한겨레』
정치부 차장으로 있다. 저서로는 『건축
멜랑콜리아』가, 역서(공역)로는 『차브』가
있다.

"인간은 자신의 역사를 만들어 가지만, 그들이 바라는 꼭 그대로 만드는 것은 아니다. 인간은 스스로 선택한 환경 속에서가 아니라 이미 존재하는, 주어진, 물려받은 환경 속에서 역사를 만들어 간다."―카를 마르크스

건축과 사회, 건축가와 권력의 관계를 사유할 때 김중업은 많은 생각거리를 던지는 존재다. 흔히 그는 시대와 불화하고 권력과 갈등한 지사적 예술가의 전범처럼 묘사되곤 한다. 동시대를 살았던 김수근이 박정희, 전두환 정권과 맺었던 유착관계를 떠올린다면, 다소 과장이 섞였을지언정 이런 묘사가 진실과 어긋나는 것은 아니다.

간과해선 안 될 점은 김중업 역시 한국의 산업화 시기를 특징짓는 '주변부 현대성'의 강력한 자장 안에서 자신의 이상과 의지를 펼쳐 나간 20세기 한국 건축가였다는 사실이다. 따라서 그의 활동은 자본주의와 현대성이라는 세계사적 보편성과 권위주의 산업화라는 1960-1970년대 한국의 사회경제적 맥락, 군사정권·유신체제라는 당대의 정치적 특수 상황과 떼어 놓고 생각하기 어렵다. 그 안에서 김중업은 때로는 갈등하고 때로는 타협했으며, 적응과 불화, 개입과 방관, 묵인과 비판의 경계지대를 부단히 오가며 건축가로서 꿈과 의지를 자신의 작품 안에 녹여냈다.[1]

권력과 건축, 건축가의 운명

회화나 조각, 음악과 달리 태생적으로 돈을 지불하는 자에게 존재를 의탁하는 장르가 건축이다. 짓는다는 일이 전문 직업으로 자리잡은 이래 대부분의 건축가는 이 운명의 긴박을 벗어나지 못했다. 의뢰인은 대체로 권력자이거나 재산가였다. 신화 속 건축가 다이달로스 역시 크레타의 왕 미노스로부터 일감을 얻는다. 미노스는 그에게 미노타우로스를 감금할 미궁(迷宮)을 짓게 하는데, 건축가의 손으로 빚어낸 첫 작품이 왕의 정적을 가둘 감옥이었다는 사실은 권력과 건축에 관한 정치적 알레고리로 읽어도 별 무리는 없어 보인다.

자본주의라는 근대적 생산 시스템이 등장하기 전, 대형 건축물은 축적된 부의 결정체이자 집중화된 권력을 시각화하는 정치적이고 상징적인 매체였다. 왕이 거처할 궁을 짓고, 왕과 지배자들의 생명과 자산

을 보호할 성곽을 쌓고, 권력자의 업적과 위대함을 과시할 기념비적 구조물을 세우는 것이야말로 가장 중요한 건축행위였다. 문제는 그것이 공동체의 전체 이익보다는 특정 계급이나 집단의 이해 관심에 따라 기획되고 실행됐다는 사실이다. 평균적 삶의 질을 개선하지 못하고 사회 전반에 걸친 부의 증진과 순환에 기여하지 않는 대규모 건축행위는, 민초들에겐 말 그대로 '노역'이었고 공동체 전체에는 집단의 기운을 소진하는 과시 행위에 가까웠다.

대규모 건축행위가 체제를 순환·유지·확대시키는 적극적이고 긍정적인 기능을 떠맡게 된 것은 자본주의 생산 시스템이 지배적 경제 관계로 자리잡은 근대 이후의 일이다. 산업화와 인구 증가는 산업 지역으로의 인구 집중과 도시의 확산 및 확장으로 이어졌고, 이는 도시 이주민을 수용할 충분한 주거 수단과 노동력의 신속하고 체계적인 이동을 보장할 대규모 교통망의 확보를 필수적으로 요청했다. 따라서 산업

경부고속도로 항공
사진. 1970.
(왼쪽)
마포아파트단지
전경. 1963.
(오른쪽)

화를 통해 축적된 부는 도로망과 철도, 전기, 상하수도, 공동주택과 사무빌딩, 공공건물 같은 집합적 소비 수단을 확보하는 데 투입돼야 했고, 공공 인프라와 도시의 건조환경에 투입된 여유 자본은 사회의 불안 요인을 줄이고 생산 시스템이 원활히 작동하도록 뒷받침함으로써 생산력의 증대와 자본의 확대재생산에 기여했다.

힘과 권위의 과시 수단이자 축적된 부의 외적 결과물이었던 건축이 마침내 체제의 역학 사이클 내부로 들어오고, 체제 자체를 구동하는 핵심적인 동력 축으로 작동하기 시작한 것이다.

권위주의 산업화와 한국 건축
김중업 건축의 전성기인 1960년대는 알려진 대로 한국 자본주의가 거대한 지각변동을 경험한 시기다. 상황은 국내 건축 산업 역시 다르지

않았다. 식민지 시대 건축물을 개·보수해 사용하는 단계에 머물러 있던 건축 산업은 이 시기에 이르러 국내 건축가들이 구상한 도면에 따라 국산 건축 재료와 국산 기술, 국내 인력에 의해 건축물이 축조되는 '내포적 생산'의 단계에 접어들게 된다.

이같은 건축 산업의 변화는 '유혈적 테일러주의'와 '주변부 포드주의'의 과도국면에 놓여 있던 동시대 한국 자본주의의 축적체제와 긴밀히 연동돼 있었다.[2] 당시 한국의 자본주의 축적체제는 군사정부에 의해 추진된 소비재 중심의 수출산업화와 중간·자본재의 수입대체 정책이 성과를 거두면서 주변부 포드주의로의 이행을 준비 중이었다. 특히 1962년부터 시작된 경제개발 5개년 계획의 기간산업 육성책에 따라 시멘트, 비료, 전력 등의 생산량이 폭발적 증가세를 보이는데, 시멘트는 1965년 국내 수요량을 뛰어넘어 수출생산 단계에 들어서게 된다. 한국은행조사부의 『경제통계연보』에 따르면 시멘트 생산량은 1950년대 중반부터 완만한 증가세를 보이다가 1960년대 중반 100억 톤 규모를 넘어선 뒤 급격한 증가세를 보인다. 1960년대 중반 이후 국내 건축계에서 철근콘크리트 구조와 시멘트 모르타르, 노출콘크리트 마감법이 확산되는 현상은 이같은 산업적 뒷받침이 있었기에 가능했던 것이다.

국가권력 역시 각종 법령의 제정과 정비를 통해 도시에서의 건축 활동을 체계적으로 지원했다. 국내 건축 관련 법령들은 5·16군사정변으로 집권한 군사정부가 1962년 건축법과 도시계획법, 1967년 토지구획정리사업법 등을 제정·공포함으로써 처음으로 독자적인 입법체계를 갖추게 된다. 이 시기 국가의 개입은 표면적으로는 급격한 도시화에 따른 도시문제의 해소, 무엇보다 낙후된 도시경관과 도시 인프라의 정비에 역점을 두고 있었지만, 그 이면에는 정치적 지지와 동의의 확보라는 또 다른 목적이 자리잡고 있었다. 군사정변을 통해 집권했다는 태생적 한계 탓에 정치적 정당성이 취약할 수밖에 없는 당시 정권으로선 '성장을 통한 물질적 보상'을 통해 정치적 지지를 확보하는 것 말고는 통치적 대안을 찾기 어려웠다. 그들은 반대세력을 철저하게 탄압하는 한편, 정치적 지지의 확보를 위한 '경제성장'에 정권의 명운을 걸었다. 그들에게 집권의 명분과 치적을 가시적으로 드러내는 데 가장 효과적인 수단은 입체의 도로망 사이로 들어선 고층의 현대식 건축물들이었다.

물론 국가가 대규모 토목·건축 사업을 적극 지원한 것을 정치적 동

삼일고가도로
공사현장. 건설시
'청계고가도로'로
불리다가 완공 시점에
이름이 바뀌었다.
지금은 철거되고 없다.
1969.

기만으로 해석하기에는 무리가 있다. 주목해야 할 것은 건축 산업이
자본축적의 초기 국면에서 갖는 경제적 승수효과(乘數效果)다. 시멘
트와 골재 등을 주재료로 하는 건축 산업은 외환 보유고가 절대적으로
부족했던 1960년대 상황에서 다른 제조업과는 달리 원자재 수입에 따
른 외화의 유출 부담이 적을 뿐 아니라 노동집약적 산업인 탓에 고용
유발 효과 또한 컸다. 여기에 시멘트, 철강 등 주변 산업에 대해 갖는
파급효과를 고려한다면 건축 산업은 체제의 성장적 전환에 필요한 자
본의 축적까지 기대할 수 있는, 말 그대로 일석삼조의 고부가가치 산
업이었던 셈이다. 축적체제의 요구와 정치권력의 지원에 힘입어 한국
의 건축 산업은 1960년대 중반 비약적 성장을 경험한다.[3]

결국 1960년대 중후반 한국의 대도시에서 이루어진 대규모 개발사
업은 19-20세기 서구 자본주의에서처럼 '과잉자본의 해소를 위한 자
본의 2차 순환'[4]의 성격을 띤다기보다, 오히려 유럽 초기자본주의의
'원시적 축적'과 유사한 제3세계적 축적체제(유혈적 테일러주의)의 필

김현옥 당시
서울시장이 '대서울
도시계획전시장'에서
박정희 대통령
내외에게 설명하는
모습. 1966.

요에 부응한 것이었다고 보는 것이 타당하다. 현대·대림·삼부 등 한국
의 고도성장기를 주름잡던 대표적 기업집단들 대부분 1950-1960년
대 건설업을 발판으로 성장했다는 사실은 시사하는 바가 적지 않다.

당시 건축계 역시 총체적 변화를 경험하게 되는데, 변화는 인적 기술적 양식적 차원 모두에서 나타났다. 인적 구성 면에서는 1950년대 해외 연수 또는 유학을 다녀온 건축가들이 본격적인 활동을 시작하면서 식민지 시기 국내 기술학교에서 교육받은 1세대를 밀어내고 건축계의 주류로 자리잡게 된다.[5] 이들 가운데 일부는 국가가 주도한 각종 프로젝트에 참여하면서 국가권력과 긴밀한 지지-후원 관계를 형성하기도 했다.

기술적 차원에서는 커튼월과 철골돔, 노출콘크리트 공법 등 신기술의 도입과 함께 1930년대에 소개된 철근콘크리트 공법이 완전히 자리를 잡으면서 건축물의 고층화·대형화가 본격적으로 이루어졌다. 특히 시멘트, 철강 등 재료 산업의 활성화에 힘입은 철근콘크리트의 보편화는 건물의 형태표현에도 일대 전기를 가져왔다. 건축가들로선 기둥과 바닥판만으로 지지되는 철근콘크리트 구조체의 강점과, 형틀만 있으면 어떤 모양이든 만들어낼 수 있는 콘크리트의 재료적 특성을 이용해 다양한 조형의지를 건축물의 형태와 입면구성에 적극적으로 표현할 수 있게 된 것이다. 김수근이 설계한 워커힐의 힐탑바(1963)와 배기형의 명동 유네스코회관(1967), 김중업의 삼일빌딩(1970) 등은 혁신적

김수근이 설계한 워커힐 호텔 힐탑바.(왼쪽) 배기형이 설계한 명동 유네스코회관 외부 투시도. 1960. (오른쪽)

인 구조형태와 자유로운 입면구성, 엄격한 비례와 절제의 미학 등으로 오늘날까지도 한국 근대건축을 대표하는 수작으로 평가받고 있다.

1960년대와 '주변부 국제주의', 그리고 삼일빌딩

김중업 건축의 전성기인 1960년대에 서울 도심에 들어선 건축물로는 한국상업은행 본관(홍순오, 1965), 대한체육회관(김태식, 1966), 한국일보사옥(김수근, 1966), YMCA회관(김정수, 1968), 대한기독교연합회관(차경순, 1969), 천도교수운회관(정인국, 1970) 등이 있다. 형

정인국이 설계한
천도교수운회관.
(왼쪽)
김수근이 설계한
한국일보사옥.
(오른쪽)

태와 크기, 입면구성의 다양성에도 불구하고 이들 건축물에서는 일정한 양식적 경향성이 관찰된다. 무엇보다 이들은 예외 없이 철근콘크리트조와 상자형의 기하학적 추상미, 장식성을 배제한 간결한 의장 등을 특징으로 한다는 점에서 기능주의·보편주의에 입각한 국제주의 양식의 전범을 충실히 따르고 있다.

1970년 준공된 삼일빌딩 역시 국제주의 양식에 충실한 사무빌딩이다. 김중업 자신은 한 일간지 인터뷰에서 "마땅한 시공업자를 구할 수 있을까 하는 두려움이 앞섰지만 한국의 고층 건물 시대를 연다는 자부심을 갖고" 설계에 착수했다고 회고했다.[6] 철골 커튼월 공법으로 세워진 지하 2층 지상 31층 규모의 이 빌딩에 대해선 재료와 외형의 유사성을 들어 미스 반데어로에가 설계한 뉴욕 시그램 빌딩의 모작이라는 비판도 제기되지만, 창틀의 독창적 비례미나 내부 구조의 효율성에 있어 동시대 한국의 다른 국제 양식 건축물들이 따라갈 수 없는 역작이라는 찬사 역시 공존한다.

p. 210

p. 313

한국 건축에서 국제주의는 일본인 건축가와 유학파에 의해 1930년대 후반 처음 소개됐지만 태평양전쟁과 해방공간, 한국전쟁을 거치며 연속성이 단절됐다가 전후 복구가 본격화되는 1950년대 후반에야 다시 모습을 드러낸다. 하지만 국제주의의 본격적인 흥기는 1960년대, 오일륙으로 집권한 군사정권으로 국제주의의 기계미학이 성장과 발전, 근대화를 시각적으로 형상화하는 가장 탁월한 수단으로 받아들여진 때였다. 여기에 국제주의가 채택한 규격성과 장식성 배제의 원리는 최소의 바닥 면적에서 가능한 많은 분양공간을 만들어냄으로써 최소 투자로 최대 이윤을 창출하려 했던 건설자본의 이해에도 부합하는 것이었음은 두말할 나위가 없다. 이런 점에서 1960년대 한국의 국제주의 건축양식은 축적체제의 한계 내에서 작동하는 정치권력과 자본의 선호, 당시 국내 건축의 기술·재료적 수준, 서구 건축을 본격적으로 학습한 새로운 건축가 집단의 등장 등 다양한 조건들이 역동적으로 결합하면서 빚어낸 일종의 '사회적 조형원리'였다.

그러나 1960년대 한국의 국제주의는 그 본류인 서구의 국제주의가 '전통'과 '지역적 맥락'을 함께 고려하는 '탈현대주의'로의 이행을 서두르던 시기에 뒤늦게 만개했다는 점, 또한 양식의 채용이 건축가의 적극적인 조형의지보다는 낙후된 축적체제의 제약 하에 다른 대안을 찾을 수 없는 상황에서 이루어졌다는 점에서 '주변성'의 한계를 잉태하고 있었다. 이같은 주변성은 서울 도심의 대형 상업 건축물에서 드

김수근이
설계한 세운상가.
평지에서 돌출된
콘크리트 구조물이
기념비적 외형으로
위압적 이미지를
준다.
1967.

러나듯 기념비성의 과잉, 공간의 공공성에 대한 빈곤한 인식, 서구 양식 건축의 과도한 모방, 형태와 기능의 부조화 등으로 동시대 건축물에 인각되어 있다.

김중업에 대한 높은 평가는 주변부 자본주의와 권위주의 산업화, 냉전반공체제라는 제약적 조건 아래서 활동했음에도 불구하고 동시대 한국 건축을 긴박하던 주변성의 질곡을 벗어나려 부단히 노력했다는 사실에서 기인한다. 말 그대로 그는 '스스로 선택한 환경'이 아니라 '이미 존재하는, 주어진, 물려받은 환경' 속에서 자신의 세계를 구축하려 했고, 그런 노력과 에너지를 일정한 건축적 결과물로 외화시키는데 성공했다.

시대와 격투하는 건축

1960년대 중반, 삼일빌딩에 앞서 선보인 주한프랑스대사관(1962)과
유엔기념묘지(정문 1966), 서병준산부인과의원(1967)에서는 주변부
국제주의를 넘어서려는 김중업의 분투가 고스란히 묻어난다. 1950년
대 후반까지 스승 르 코르뷔지에의 강력하고 직접적인 영향권 아래서
르 코르뷔지에 건축의 모방적 재현 수준에 머물러 있던 김중업의 건
축은 주한프랑스대사관을 경계로 뚜렷한 형태론적 단절을 보여 준다.[7]
네 귀가 치솟은 추상화된 곡선미로 지붕 형태를 구현한 대사집무동,
대지의 지형을 훼손하지 않고 구릉의 흐름에 순응한 건물 배치는, 자
기만의 독특한 시각으로 재해석한 전통건축의 요소들을 서구 건축의
재료·양식·기법과 유기적으로 결합함으로써 건축물에 지역적 맥락을
구현하려 한 김중업의 노력이 도드라진다. 유엔기념묘지 정문 역시 전
통건축의 지붕과 기둥, 공포 등에서 형태적 특징을 추출한 뒤 김중업
특유의 단순·추상화 과정을 거쳐 현대건축의 감수성에 맞게 재창조하
는 데 성공했다는 호의적 평가가 다수다.

p. 148

p. 164

　주한프랑스대사관과 유엔기념묘지에서 가시적 결실을 맺은 그의 시
도는 1960년대 중반 뚜렷한 도약기를 맞게 되는데, 1967년 서울 을
지로와 퇴계로가 만나는 삼각형의 대지 위에 4층 콘크리트조로 쌓아
올린 서병준산부인과의원이 대표적이다. 노출콘크리트의 거친 질감과
짧고 단단한 타원 기둥을 이어 붙여 빚어낸 육중한 볼륨감 때문에 강
한 이미지를 풍기지만, 이는 건물 곳곳에 건축가가 새겨 넣은 둥근 형

p. 250

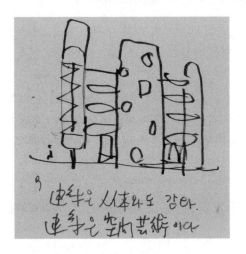

김중업의
서병준산부인과
의원 스케치.
1960년대.

김중업의
서병준산부인과
의원 모형.
1960년대.

태적 요소들에 의해 효과적으로 상쇄된다. 부드러운 곡면으로 덧댄 두 방향의 발코니, 타원과 물결 형태의 격벽들로 구성된 내부 구조는 이 건물에 인간성을 불어넣는 강력한 조형 요소들이다.

1층의 방들은 막 태동을 시작했음직한 웅크린 태아의 모습이며, 그 맞은편에 위치한 의사 집무실은 격벽이 음표 꼬리처럼 휘어져 두 공간 사이에 만들어진 보행 동선에 리듬감을 배가한다. 수술실과 인큐베이터실, 입원실 등이 자리잡은 2-3층에는 크고 작은 타원을 복수의 격실로 분산 배치했는데, 눈여겨볼 점은 크기와 형태는 조금씩 다르지만 각각의 방들이 하나같이 자궁의 이미지를 형상화한다는 점이다.(1층 평면도 참고) 계산된 도상학적 장치들로 의미의 연쇄 고리를 구축해 건축물의 형태와 쓰임새를 조화시키려는 김중업의 치밀한 조형의지가 읽히는 대목이다.

p. 389

김중업이 서병준산부인과의원 설계에 착수한 1960년대 초는 인구 담론이 빠르게 확산되고, 산아 제한을 위한 '가족계획'이 국내에서는 처음으로 국가 시책에 도입된 시기였다. 자본주의 사회에서 가족계획의 목표는 한 사회가 보유한 '생식력의 총체'인 인구 규모를 인위적으로 조절·통제함으로써 경제적 생산의 능력치를 최대화하는 것이다. 특히 취약한 정통성을 보완하기 위해 경제성장을 지상과제로 삼고 강력한 발전주의 정책을 밀어붙인 박정희 정권에게는, 전후 베이비붐과 사망률 하락에 따른 급격한 인구 증가가 경제발전과 사회 안정을 해치는 '사회적 역병'으로 간주됐기에 가족계획의 정책적 중요성이 어느 때보다 컸다.[8]

1960년대 가족계획
포스터(왼쪽)와
가족계획용
이동진료차(오른쪽).

이 과정에서 가장 핵심적인 역할을 떠맡은 것은 산부인과 의사들이었다. 국가 개입의 효율성을 높이기 위해선 생식 활동이란 내밀한 행위가 권력의 시선 아래 포착되도록 관련 지식의 생산·축적·확산이 장기간에 걸쳐 안정적으로 이루어져야 했는데, 이를 가능케 한 것은 산부인과 의사들이 일상적으로 벌이는 상담·진료·시술·사후관리 활동이었기 때문이다.

산부인과 의사 수가 가파르게 증가했고, 개인병원에 대한 건축 수요도 그만큼 늘었다. 당시 개인병원의 공간 배치는 제한된 바닥 면적으로 병상 수를 극대화하고 환자 관리와 통제를 효율화하는 데 중점을 두었다. 직선으로 처리된 상자형 몸체에 입구의 사무공간부터 복도를 따라 의사 집무공간과 진료·시술 공간, 환자입원실이 순서대로 배치되는 구조가 그것이다. 건축물의 '형태'를 치료 및 수용이라는 '기능'에 온전히 종속시키는 도구적 합리성의 구현에 주된 관심을 쏟았던 것이다.

그러나 서병준산부인과의원에서는 일찍이 병원 건축에서 누구도 시도하지 않았던 파격이 감행됐다. 산부인과 개업의였던 건축주로부터 설계 의뢰를 받은 김중업은 주된 이용자가 될 임산부와 영아의 처지를 눈감지 않았던 것인데, 그에게 산부인과는 생식력의 통제와 조절에 동원되는 차가운 기계장치의 공간이 아니라, 존재의 시원에 대한 그리움을 녹여낸 원형질적 공간, 약동하는 생명을 품어 안을 따뜻한 모성의 공간이어야 했던 것이다. 김중업은 이같은 조형의지를 자궁과 태아를 형상화한 타원 격실, 완만하게 물결치는 병실 복도, 부드러운 곡면으로 내부를 감싼 콘크리트 외벽의 견고함 속에 풀어냈다.

하지만, 지금까지 몇 가지 사례에서 살펴본 것처럼 김중업이 고집스럽게 자신의 건축언어를 쌓아 올리는 방식만으로 시대에 맞선 것은 아니다. 김중업은 건축을 '개인기'가 아닌 '사회와의 합작'으로 여겼고, 건축가라면 마땅히 사회적 책무를 다해야 한다고 생각했다. 이 점은 그가 남긴 많은 글과 대담에서 드러난다. 1966년 '새서울백지계획'에 대해 '4천만 평 대지에 인구 150만 명을 수용하는 것은 무모한 일'이 라 비판한 것이나, 1971년 지금의 경기도 성남에 조성한 '광주대단지'

'새서울백지계획'에 대해 비판하는 김중업의 기고문. 『동아일보』 1966. 5. 28.

를 두고선 "시민들의 최소한의 생업을 위해 대공업단지를 조성해야 한 다"고 직언한 일로 주민들의 소요사태가 벌어진 뒤 사실상의 '강제 추 방'을 당한 것은 김중업의 이런 건축관을 잘 보여준다. 심지어 그는 건 축이 사회와 직결된 문제인 만큼 건축가가 정치에 관여해도 좋다고까 지 말할 정도였다.[9]

"꿈이 없는 건축가는 존재 가치가 없다"

시공의 제약 속에 존재하는 건축가가 외부로부터 가해지는 힘을 전면 적으로 거부하지 않으면서도, 예술성과 독창성을 구비한 자기 세계를 구축할 수 있었던 힘은 어디에서 연유한 것일까. 이는 단순히 그가 흔 히 말하는 '반골 기질'이었다거나 건축가로서 비범한 재능을 지녔다는 이유만으로는 설명되지 않는다. 작고하기 얼마 전 한 건축잡지와의 대 담에서 김중업은 이렇게 말했다.

"건축가에게 가장 소중한 것은 꿈이라고. 소위 꿈 없이는 건축가는 존재할 가치가 없어요. 그 어떠한 것을 비판한다든가 어떠한 것을 직설적으로 받아만 들인다 하는 자세는 건축가로서 가치가 전혀 없는 거야. 건축가라는 것은 어디까지나 인간에 던지는 큰 사인을 하는 사람이니까. 무시무시한 사인을 하다 가는 사람이 건축가야."[10]

그가 여기서 말한 '꿈'은 이상 사회를 향한 예술가적 충동의 다른 표현이겠다. 김중업은 이 꿈을 좇는 행위를 '사회적 존재'로서 건축가의 책무로 인식했고, '인간을 위한 건축'을 추구하는 모더니스트의 조형의지 안에 녹여내려 했다. 이 모더니스트의 꿈과 의지가 비루하고 폭력적인 당대 현실과 대치하며 빚어낸 격투의 흔적을, 우리는 그가 생물학적 삶을 마감한 지 삼십 년이 지난 오늘날 그가 남긴 다양한 작품들 안에서 생생하게 목격하고 있다. 김중업에게 건축은 인간에게 던지는 큰 사인(sign)이었고, "생명력이 있는, (⋯) 말하자면 비비드한, 그러한 사인을 어떻게 제대로 던져 놓고 가느냐 하는 싸움"이었던 것이다.[11] ▨

주(註)

1. 김중업이 군사정권에 대해 냉소적인 태도를 보이긴 했으나,
   그가 1960-1970년대 정치권력과 거리를 두거나 갈등했던
   것만은 아니다. 그는 공모 과정에서 불거진 부당한 지시와 압력
   때문에 건축가협회가 불참을 결의한 국회의사당 설계에 참여해
   협회로부터 제명당하기도 했다.

2. 포드주의, 테일러주의, 축적체제 등에 대한 개념적
   정의와 당시 한국의 축적체제에 대해서는 아랑 리피에츠,
   김종한·엄창옥·이태왕 옮김,『기적과 환상: '레규라시옹' 학파의
   세계경제론』, 한울, 1991 참조.

3. 1969년『경제연감』에 의하면, 국내 건설 산업은 1964년
   26.6퍼센트의 성장률을 기록한 뒤 1960년대 후반기 내내
   두 자릿수 성장률을 유지한다. 국내총생산(GNP)에서 건설업
   생산액이 차지하는 퍼센트 역시 2.9(1964)에서 3.4(1965),
   3.7(1966), 4.0(1967), 4.8(1968)로 빠르게 증가한다.
   『신동아』 8월호, 동아일보사, 1970.

4. 데이비드 하비(David Harvey)에 따르면, 경쟁원리에 기반한
   자본주의 생산 시스템은 과잉 생산과 이윤율의 저하로 인해
   투자처를 찾지 못한 유휴 자본을 필연적으로 발생시킨다.
   도시개발과 대규모 건축(건설) 사업은 누적된 유휴 자본을
   흡수·소진함으로써 유휴 자본의 과잉이 자본가치의
   폭락(공황)으로 이어지는 것을 막는다. 자세한 내용은 데이비드
   하비, 구동회·박영민 옮김, 『포스트모더니티의 조건』, 한울, 1994
   참조.

5. 당시 해외 연수 또는 유학을 다녀온 건축인으로는 김중업, 이광노,
   이건영, 강명구, 김정수, 윤정섭 등이 있다. 이 가운데 김중업,
   이광노, 김정수는 일본 유학파인 김수근 등과 더불어 1980년대
   후반까지 국내 건축계에서 중추적 역할을 수행하게 된다.

6. 『경향신문』, 1985. 2. 19, p.9.

7. 기실 주한프랑스대사관 이전 김중업의 대표작이라고 할 만한
   부산대학교 본관(1959)의 경우, 지형과 주변 경관을 고려한
   디자인의 탁월함에도 불구하고 1층 필로티와 분절된 입면
   패턴 등에서 르 코르뷔지에의 유니테 다비타시옹과 찬디가르
   행정청사를 형태적으로 모방·재현하는 데 그쳤다는 평가가 많다.

8. 1960년대 한국의 가족계획과 인구정책에 대해서는 이선이,
   「전후 한국과 중국의 인구정책과 여성」, 『여성과 역사』 제7집,
   한국여성사학회, 2007 참조.

9. '새서울백지계획' 관련 내용은 『동아일보』 1966. 5. 28, p.3,
   '광주대단지사건' 관련 내용은 「둥근 공간은 바로 한국미의 표현」
   『현대주택』, 현대공론사, 1983. 9, p.37의 김중업 자신의 회고
   발언을, 건축가의 정치참여에 대해서는 「한국현대건축의 회상」
   『공간』, 1981. 12 좌담 참조.

10. 김중업과 조인철 대담, 「김중업 건축과 샤머니즘」『건축사』
    Vol.336, 대한건축사협회, 1997. p.90.

11. 김중업과 조인철 대담, 「김중업과 르꼬르뷔제」, 『건축사』, Vol.337,
    대한건축사협회, 1997. p.99. 물론 김중업의 형태주의 건축을
    두고, 국제주의 건축의 획일성과 보편주의에 반발해 지역적
    전통에 근거한 유기주의에서 건축적 대안을 찾고자 했던 동시대
    서구 건축의 모방으로 바라보는 시각도 있다.

고은미

새로운 가치와의 공존 — 김중업의 건축 유산과 현장

고은미(高銀絲)는 이화여자대학교에서
건축학 및 미술사학을 전공하고
동대학원에서 미술사학으로 석사학위를
받았다. 범건축종합건축사사무소에서
건축설계 경험을 쌓았으며,
이화여자대학교박물관, 국립중앙박물관
등을 거쳐 현재 김중업건축박물관 학예사로
건축 분야의 전시와 교육 프로그램을
기획·운영하고 있다. 주요 기획 전시로는
「단독주택: 나의 삶을 짓다」「김중업, 르
코르뷔지에를 만나다」가 있다.

세 개의 현장

첫번째 현장. 1995년 가을, 용두암 앞바다의 푸른 파도가 보이는 곳. 커다란 콘크리트 지붕, 유선형의 몸체와 그곳에서 뻗어 나온 길이 땅으로 휘감아 들어가는 듯한 건물이 한창 철거 중이다. 건축가 김중업이 스스로 '쾌심의 역작'이라고 부른 제주대학교 본관(1969)이 사라지는 현장이다. 김중업은 그의 작품집 『김중업: 건축가의 빛과 그림자』 뒤표지에 제주대학교 본관 사진을 사용할 만큼 이 건물을 각별하게 생각했다.[1] 그는 이 건물이 맞이할 결말을 예상한 것일까. 작품집을 집필할 당시 이미 쇠락한 제주대학교 본관 건물을 언급하며, 마치 유언처럼 "나에게도 소중한 작품이어서 오늘에 이르러 쇠퇴해 가는 모습을 볼 때 무척이나 가슴 아프다. 길이 남겨두었으면 하는 마음 간절하다."고 했다.[2] 1965년에 착공하여 1969년에 완공된 <u>제주대학교 본관</u>은 제주대학교의 용담캠퍼스 시기를 거쳐, 같은 대학 사범대 부설 고등학교로 사용되다가 지속적인 누수 발생과 구조 안전성에 문제가 제기되어 김중업의 간절한 바람과는 반대로 철거가 결정되었다. 그 전까지 건축계는 이 건물의 보존에 대한 목소리를 한껏 높였으나 끝내 '현실적인' 문제들을 해결하지 못하여, 지금은 이 건물을 사진과 같은 자료로만 접할 수 있을 뿐이다.

p. 116

취약한 구조와 외부 환경으로 부식되기 시작한 제주대학교 본관. 1980년대 말-1990년대 초.

두번째 현장. 2010년 여름 경기도 안양시 만안구 석수동 유유제약 안양공장(1960) 부지. 한때 공장 부지였던 이곳을 채웠던 건물들은 이미 대부분 철거되었고, 김중업이 설계한 건물만이 섬처럼 남겨진 채 유적 발굴 조사가 진행되고 있다. 안양시는 2007년 이 부지를 매입하여 김중업건축박물관 건립 계획을 세웠다. 한국 현대건축사에서 김중

업이 차지하는 중요성과 건축을 주제로 한 우리나라 첫번째 박물관이라는 점 때문에 건축계의 주목을 받았고, 국비와 도비 투자도 유치했다. 그런데 이 땅 주변에는 보물로 지정된 중초사지당간지주(中初寺址幢竿支柱, 보물 제4호), 고려시대의 삼층석탑(경기도 유형문화재 제164호)과 마애종(磨崖鐘, 경기도 유형문화재 제92호) 같은 역사 유적이 다수 있어 박물관 건립에 앞서 법적 절차에 따라 발굴 조사가 진행되었다. 그 결과 건물지가 발굴되었고, 2009년에는 안양사(安養寺) 명문기와가, 2010년에는 안양사의 전탑지(塼塔址)와 전탑의 유적이 발굴되어 고려 태조 왕건이 세웠다고 문헌으로만 전해진 안양사의 실체

옛 유유산업
안양공장
부지에서 발굴된
통일신라시대
중초사지당간지주
(왼쪽)와
고려시대의
삼층석탑
(오른쪽).

가 드러나 역사학계의 관심을 모았다. 발굴 지도위원들은 이 부지의 사적 지정을 권고하기로 했고, 사적 지정을 위해서는 남은 건물들, 즉 김중업 설계의 건물들을 철거한 뒤 추가 조사를 하는 것이 필수적이었다. 시간의 켜가 쌓인 공간에서 더 오래된 과거와 덜 오래된 과거, 두 가치가 첨예하게 맞부딪쳤고 쉽사리 정리되지 않는 논란과 논쟁이 일었다. 하지만 결국 서로 공존할 수 있는 방향으로 갔고, 김중업의 초기

작인 유유제약 안양공장은 과거의 유적과 김중업 건축이 어우러진 김 p. 296
중업건축박물관으로 2014년 재탄생했다.

　세번째 현장. 2018년 2월 11일 일요일 오전 주한프랑스대사관 p. 148
(1962) 대사관저에서는 주한프랑스대사관 신관 착수식이 열렸다. 한
국과 프랑스의 각계 인사들이 참석한 가운데 대사관저 1층에는 김중
업이 설계한 당시의 주한프랑스대사관 건축모형과 새로이 변화될 신
축 건축모형이 나란히 놓였다. 김중업의 대표작으로 널리 알려진 이
건물은 '한국 전통건축의 현대적 재해석'이라는 시대적 과제에 대해
명쾌한 답변을 제시했다고 평가되었고, 김중업 자신도 건축가로서 이
정표가 되는 중요한 작업으로 여겼다.[3] 하지만 주한프랑스대사관은 세
월이 흐르며 대사집무동의 사뿐한 지붕 곡선은 변형되었고, 양국 관계
가 긴밀해지면서 대사관은 더 많은 공간을 필요로 해, 일부 건물을 증
축하거나 부지 내에 새로운 건물을 세웠다. 건물의 노후, 공간의 부족
이라는 문제를 해결하기 위하여 주한프랑스대사관은 2015년 여름 신
축 현상설계 공모를 실시했다. 그런데 공고문에는 보존 가치에 대한
언급이 상세하지 않아 철거의 우려를 낳았다. 언론이 문제를 제기했고,
문화체육관광부도 이 건물의 역사적 중요성을 피력했다. 신축 계획안
은 일 년 반이 지나 대중에 공개되었다. 대사관저는 보존, 지붕이 변형
된 대사집무동은 복원, 증개축으로 본래의 형태를 잃은 직원업무동은
갤러리동과 타워동 신축으로 결정되었다. 김중업 건축의 가치는 지키
고 되살리되 오늘날의 필요 또한 충족시키자는 결론이다. 이 프로젝트
는 한국 설계사무소 매스스터디스(대표 조민석)와 프랑스 설계사무소

김중업의 설계
및 준공 당시
모습에서
변형된 현재
주한프랑스대사관
대사집무동의
각진 지붕(왼쪽)과
2016년 발표한
리모델링
조감도(오른쪽).

사티(대표 윤태훈)가 맡아 2019년 완공을 목표로 추진 중이며, 기존
직원업무동을 대신해 신축될 갤러리동은 시민들에게 문화센터와 같은
열린 공간으로 활용될 예정이라고 한다.

제주대학교 본관, 유유제약 안양공장, 주한프랑스대사관, 이렇게 세 개의 현장이 겪어낸 일들은 대부분의 김중업 건축이 오늘날에도 부딪쳐 겪고 있는 일이기도 하다. 제주대학교 본관뿐만 아니라 김중업의 수많은 주택들은 자본과 개발의 논리에 흔적도 없이 사라졌고, 지금도 김중업 건축이 지닌 어떤 가치는 또 다른 새로운 가치와 마주하여 철거와 보존 사이를 오가고 있다. 물론 이러한 현상은 우리나라 현대건축 1세대가 남긴 대부분의 건물 역시 마주하고 있는 일이다. 이 시점에 한국 현대건축 1세대를 대표하는 김중업, 그리고 이 건축가의 이름을 내세워 개관한 김중업건축박물관은 무슨 일을 어떤 방법으로 추진해야 할까. 김중업건축박물관의 개관과 개관 이후 지금까지 해온 일들을 소개하고, 앞으로 할 수 있고 해야 할 일을 정리하며 살펴보려 한다.

김중업건축박물관의 개관과 소장품 확보

김중업건축박물관이 위치한 안양예술공원은 삼성산 계곡을 따라 자리 잡고 있는데, 일제강점기인 1932년 철도 수입 증대와 안양리 개발을 목표로 삼성천에 돌을 쌓아 안양 풀장을 만들면서 생성된 안양유원지에 그 기원이 있다. 1950년대에서 1960년대까지 휴가철이면 평일 사만 명, 주말 십만 명 정도의 많은 피서객들이 안양유원지를 찾았으나, 1970년대에 들어서면서 행락객이 점차 줄어들기 시작해, 1977년 발생한 큰 수해 이후 쇠락해 갔다. 안양시는 이 지역을 예술과 함께 변화시키기 위해 2005년 제1회 안양공공예술프로젝트(APAP: Anyang Public Art Project)를 추진하여 안양유원지에서 안양예술공원으로 명칭을 변경했고, 자연환경과 어우러지는 공공예술 작품 약 50여 개를 설치했다.[4]

유유제약 안양공장
준공식. 1960.

지금은 김중업건축박물관이 된 유유제약 안양공장은 '안양예술공원 초입'이라는 위치에 있었기에, 안양시는 이 장소를 특성화하고자 부지를 매입했다. 유유제약 안양공장의 초기 건물들은 유유제약 유특한 회장이 김중업에게 의뢰하여 1960년 준공된 것으로, 안양시 당국은 이에 착안해 건축가 '김중업'의 박물관을 짓기로 했고, 전시 콘텐츠를 확보하기 위해 김중업이 남긴 유산을 찾아 나섰다. 현재 김중업건축박물관이 보유하고 있는 '김중업 자료'[5]의 대다수는 김중업의 장남 김희조가 기증한 것이다. 그는 후일 아버지를 기념하는 공간이 생길 것을 염두에 두고, 김중업 자료를 수년간 보관하며 이사할 때에도 가지고 다녔다고 한다. 실제로 그가 보관하고 있는 김중업 자료를 기증받기 위해 몇몇 기관의 접촉이 있었는데, 박물관 운영의 지속성, 자료의 안전한 보관 및 관리, 건축에 특화된 자료의 활용 등을 고려해 안양시가 세우는 공립박물관인 김중업건축박물관에 기증하게 되었다고 한다.

김희조는 2008년부터 2015년까지 총 3회에 거쳐 김중업 자료를 김중업건축박물관에 기증했다. 대다수는 2008년 안양시에 기증된 것으로 건축모형, 사진과 필름, 수첩과 공책 등의 기록물, 도면, 영화필름과 비디오테이프, 녹음테이프, 상장과 상패, 사무실에서 생산된 문서, 신문 스크랩 등 다양하다. 박물관이 개관한 이후에는 김중업의 묘역에 세워져 있던 기념비를 기증받아 박물관 앞마당에 이전 설치했으며, 2015년에는 수첩, 공책 등의 기록물과 안경, 건축사면허증, 지갑 등 실물 자료를 추가로 기증받았다. 기증은 개관 이후 다른 기증자로 이어진다. 2016년 신구대학교 교수 이경돈은 김중업건축연구소[6]에서 보유하며 참고하던 서적과 잡지 등 총 1,077점을 김중업건축박물관에 기증했다. 이 자료는 김희조가 보관하던 것으로, 한국 생활을 정리하던 중 신구대학교 학생들이 교육적으로 활용하기를 바라는 마음으로 기증된 것이다. 박물관에 기증되기 전까지 다른 책과 섞이지 않도록 별도의 서가에 깨끗한 상태로 관리되어 박물관은 수월하게 자료를 분류하고 정리할 수 있었다. 이 자료를 통해 김중업건축연구소에서 설계할 때 참고한 서적과 잡지가 무엇이었는지 파악할 수 있는데, 특히 이른 시기의 책들에는 김중업의 장서인과 서명, 구입 일자와 장소 등이 기입되어 있기도 하다. 또 다른 기증자 홍기창은 김중업건축연구소에서 장기간 근속하며 가까운 거리에서 건축가 김중업을 지켜본 인물로,

2016년 김중업의 사무실에서 사용하던 기계식 계산기를 비롯해 김중업의 친필 서명과 메모가 기입된 작품집과 잡지 등을 기증했다.

이렇듯 지금까지 김중업건축박물관의 소장품은 기증에서 기증으로 이어져 왔다. 박물관 개관이 하나의 구심점이 되어 흩어져 있던 김중업 자료가 하나 둘 모이고 있는 것이다. 박물관의 기본 기능이 '유산의 전승'임을 고려해 김중업건축박물관은 앞으로 김중업 건축 유산을 어떻게 효과적으로 후대에 전승할지 논의 중이며, 몇몇 시험적인 사업을 추진하고 있다. 또한 '건축'이라는 견고한 분야가 어떻게 하면 관람객

청소년들이
안양박물관 앞에서
설명을 듣고 있다.
2017. 10.

에게 쉽고 부드럽게 다가갈 수 있을지 고민하고 전시와 각종 프로그램으로 풀어내는 시도를 하고 있다. 이러한 움직임을 '보관, 발굴, 기록' 그리고 '공유, 소통'이라는 다섯 개의 키워드로 소개한다.

보관, 발굴, 기록

김중업건축박물관이 현재 하고 있고 앞으로 지속적으로 해야 할 일은 '보관, 발굴, 기록'이라는 세 단어로 요약할 수 있다. 김중업건축박물관은 박물관의 가장 기본적인 역할인 자료의 보관과 정리를 하고 있으며, 또한 더욱 풍부한 김중업 자료를 확보하기 위하여 새로운 자료를 발굴하고, 현재 남아 있는 김중업 건축을 기록하는 작업을 진행하고 있다. 박물관은 개관 이후 지속적으로 소장품의 전산 정보화 작업을 진행하여 소장품에 번호를 부여하고, 이름을 정하고, 각종 상태정보를 기입해 1차 정리를 완료했으며 관리와 이용이 편리한 방법으로 새롭게 격납했다.

박물관이 보관하고 있는 김중업 자료는 그 성격에 따라 크게 두 가

지로 분류할 수 있다. 첫번째는 김중업의 개인사적인 기록물이라고 할 수 있는 '개인자료'이다. 김중업의 생애주기에 따른 자료와 사무실 운영, 강의, 전시 등 각종 사회활동을 하면서 직간접적으로 생성된 자료들을 합한 것이다. 두번째는 '건축자료'로 개별적인 건축물의 생성과 변화에 대한 자료이다. 전체 김중업 자료에서 개인자료와 건축자료는 각각 1:5 정도의 비율로 구성되어 있는데, 개인자료로는 김중업건축연구소에서 보관하던 서적이 수량적으로는 가장 큰 비중을 차지하고, 신문 스크랩과 각종 공문서가 비교적 많다. 김중업이 사무실을 운영하며 소장한 서적과 작성한 각종 문서들은 정밀한 분석 작업을 거친다면 건축자료와 함께 유의미한 결과를 이끌어 낼 수 있을 것이다. 건축자료의 경우 95.5퍼센트가 사진과 슬라이드 필름이다. 김중업 건축의 진행과정에서부터 완성된 모습 등으로 구성된다. 건축 전반에 걸친 사진들이 분포되어 있으며, 특히 본인의 작업 중 의미있게 생각했던 작품은 많은 분량의 사진을 남겼다. 사진과 슬라이드 외에도 꼼꼼하게 기록한

김중업의 건축
사진 앨범.

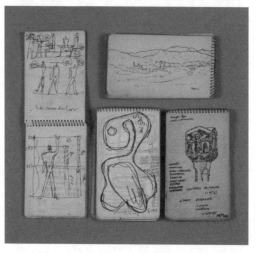

김중업의
건축 수첩.

수첩과 노트는 김중업이 생애 각 시기별로 어떤 분야에 관심을 가졌는지, 유럽 체류 기간 동안 여행하며 어떤 영향을 받았는지, 각 건축의 설계 아이디어와 모티프는 어디에서 얻었는지를 대략적으로 파악할 수 있는 자료이다. 개개인의 기증으로 수집된 김중업 자료의 1차 정리와 분석, 정보의 체계화를 어느 정도 완료했으니, 이제 더 적극적인 방법으로 김중업 자료를 확보할 단계에 이르렀다.

박물관은 개인자료를 시간의 축에 따라 구분해 시기별로 각기 다른 방법으로 접근하고자 한다. 김중업의 생애는 크게 일곱 시기로 나눌 수 있다. 유청소년기인 제1기는 출생에서 평양고등보통학교 졸업까지 1922년부터 1938년, 제2기는 일본체류기로 요코하마 고등공업학교 재학 시기부터 마쓰다 히라타 설계사무소 근무 시기인 1939년부터 1943년, 제3기는 국내활동 1기로 1944년에서 1952년 김중업이 조선주택영단[7], 조선비행기공업주식회사[8]를 거쳐 서울대학교 교수로 활동하던 시기이다. 제4기는 유럽체류기로 베니스에서 열린 제1회 국제예술가대회 참석을 계기로 르 코르뷔지에의 아틀리에에서 근무한 1952년에서 1956년, 제5기는 국내활동 2기로 김중업건축연구소를 창립해 활발한 활동을 펼치던 1956년부터 1971년 이전, 제6기는 강제출국기로 1971년에서 1978년 기간 동안 프랑스와 미국에 체류한 시기, 마지막으로 제7기는 국내활동 3기로 김중업의 후반 작업들이 이뤄지는 1978년에서 1988년이다.

위 구분에 따라 김중업건축박물관은 제5기와 제7기에 해당하는 국내활동 2, 3기의 개인자료를 위주로 보유하고 있으며, 제1기에서 제4기에 이르는 시기의 개인자료는 극히 드물고 제6기 강제출국기의 자료 또한 희귀하다. 앞으로 김중업건축박물관은 김중업 자료 중 개인자료량이 적은 시기에 집중해 수집하려 한다. 제1기인 유청소년기의 자료는 유족과의 보다 친밀한 관계의 형성을 통해, 제2기 자료는 요코하마 고등공업학교의 맥을 이어 가고 있는 요코하마국립대학교[9]를 통해 학적부 등을 조사하여 수집 또는 복제할 수 있을 것이다. 제3기의 자료는 한국토지주택공사, 서울대학교와 같은 기관과의 협력으로, 제4기의 자료는 유네스코, 르 코르뷔지에 재단 등과 협력해 조사·수집할 수 있다. 특히 2018년, 올해는 김중업이 작고한 지 삼십 주년이 되는 해로, 박물관은 김중업이 르 코르뷔지에 아틀리에에서 근무한 당시 그가 참

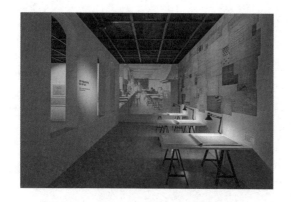

김중업 삼십
주기를 맞아
김중업건축
박물관에서 열린
「김중업,
르 코르뷔지에를
만나다: 파리
세브르가
35번지의 기억」
전시 모습.
2018.

여한 작업을 르 코르뷔지에 재단과 협력하여 조사하고, 정리하여 전시를 개최한 바 있다.[10] 이 전시를 계기로 르 코르뷔지에 재단이 보관하고 있는 김중업의 명함, 관련 서신 등 개인자료들을 발굴하고, 김중업이 참여한 르 코르뷔지에 건축이 무엇이었고, 어떤 경험을 했는지 좀 더 상세하게 정리할 수 있었다.

건축자료의 풍성한 확보를 위해 박물관은 연간 1개의 건축 작품을 대상으로 기록사업을 진행하고 있다. 김중업의 주요작품을 시작으로 관련 도면·문건·스케치·구술·신문기사·변천과정 등을 수집하고, 현 상태의 건물을 사진으로 찍고, 도면을 새롭게 그리는 등 각 건축의 특성에 맞는 다양한 방법을 동원하여 기록하고 출판하는 것을 다각도로 검토하고 진행하고 있다. 이 기록사업이 수년간 지속된다면 건축자료의 정밀하고 체계적인 기틀을 마련할 수 있을 뿐만 아니라, 기록사업을 진행하며 소장자와 긴밀한 관계를 구축함으로써 추후 기증으로 이어지는 기회를 얻게 되리라 기대한다.

공유와 소통

박물관 개관 이후 2016년 10월까지 약 이 년 칠 개월간 외부기관과 연구자들이 김중업건축박물관의 소장품을 이용하는 것은 소장품 정리의 미비, 그리고 소장품 이용과 관련된 조례 및 시행규칙 등의 부재로 인해 어려운 실정이었다. 그러나 지금은 소장품의 정리가 일정 수준 이상 완료되었고, 지난 2016년 10월 20일 이후 소장품 이용에 관한 시행규칙이 마련되어 관련 기관, 연구자 및 일반인이 자료를 이용하는 것이 가능하다. 또한 김중업 연구의 활성화를 위해 자료로의 일반의 접근

성을 점진적으로 높여 갈 예정이다. 이를 위해 수첩·노트 등 개인 기록
물의 해제(解題) 작성과 외국어 기록의 번역, 영상 및 음성 콘텐츠의 디
지털 자료화, 개별 소장품의 고해상도 이미지 제작 등이 필요하다. 또
한 저작권 보호기간이 만료되었거나 저작물의 이용 허락을 받은 김중
업 자료는 선별하여 대중에 공개하는 것을 검토할 예정이다. 박물관은
개관 당시의 명칭인 '김중업박물관'을 2016년 8월 '김중업건축박물관'
으로 '건축'을 넣어 변경했다. 단지 김중업 자료를 보관, 발굴, 기록하여

김중업 관련 영상
기록물.

그 결과를 공유하고 전시하는 것에서 그치는 것이 아니라, '건축'이라
는 보다 큰 범위의 이슈를 다룰 수 있는 초석을 다지기 위해서이다.
　김중업건축박물관은 개관 이후 김중업 건축이 저마다 서 있는 현장
에서 필요로 하는 것들을 지원해 왔다. 주한프랑스대사관의 복원을 위
해, 성북구에서 추진해 장위동에 새로이 연 '김중업건축문화의집'을 위
해, 그리고 김중업 건축을 연구하고자 하는 연구자들을 위해 자료를 제
공하고, 실견과 검색을 돕는 일을 해 왔다. 또한 그간 재생건축, 주거,
건축 사진, 유휴 공간, 조경 등의 주제로 전시와 강연·교육·체험·답사
프로그램을 운영해 왔으며, 앞으로도 '건축'을 기본으로 그 외연을 확
장해 나가는 프로젝트를 지속하려 한다. 일련의 활동으로 김중업건축
박물관은 김중업 건축의 중심축으로 점차 자리매김하고, '건축'이 어렵
지 않고 친근하게 느껴지도록 하는 기회를 만들어 나갈 것이다. ▨

주(註)

1. 앞표지에는 주한프랑스대사관 대사집무동의 지붕 사진을
   사용했다. 김중업, 『김중업: 건축가의 빛과 그림자』, 열화당,
   1984.
2. 위의 책, p.64.
3. "나의 작품세계에 하나의 길잡이가 되었고, 이로 하여 비로소
   건축가 김중업의 첫발을 굳건히 내딛게 되었다.", 위의 책, p.40.
4. 현재 안양예술공원에는 총 다섯 번의 APAP를 시행하며 설치된
   공공예술작품들이 있으며, 이 중에는 알바로 시자, 비토 아콘치,
   엠브이알디브이, 켄코 구마와 같은 국외 유명 건축가들의 작품도
   설치되어 있다.
5. 이 글에서는 김중업건축박물관 소장품 중 김중업과 관련된 일체의
   자료를 통칭한다.
6. 김중업은 1956년 서울시 종로구 관훈동에 '김중업건축연구소'를
   개소했다. 이후 '김중업합동건축연구소' '김중업건축설계사무소'
   '김중업종합건축설계사무소' 등으로 그 명칭이 변경되기도
   하는데, 이 글에서는 '김중업건축연구소'로 통칭한다.
7. 조선주택영단은 조선총독부가 1941년 설립한 기관으로, 1948년
   대한민국정부 수립과 함께 대한주택영단으로 개칭되었다.
   1962년 공포된 대한주택공사법에 의거해 대한주택공사로
   발족하였으며, 2009년에는 한국토지공사와 통합되어
   한국토지주택공사로 그 맥을 이어 가고 있다.
8. 조선비행기공업주식회사는 1944년 박흥식이 설립한 회사로
   김중업, 김태식, 이천승, 이희태 등이 거쳐 갔다. 정안기,
   「1940년대 박흥식의 기업가 활동과 '조선비행기공업(주)'」
   『경영사학』 제30집 제4호(통권76호), 한국경영사학회, 2015,
   pp.197-226.
9. 요코하마국립대학교는 요코하마경제전문학교,
   요코하마공업전문학교, 가나가와사범학교,
   가나가와청년사범학교의 관립 학교를 모체로 1949년 세워진
   학교이다. 이 중 요코하마공업전문학교는 김중업이 수학한
   요코하마고등공업학교를 전신으로 한다.
10. 김중업건축박물관은 2018년 3월 31일부터 6월 17일까지
    김중업 작고 삼십 주기 기념 특별전 「김중업, 르 코르뷔지에를
    만나다: 파리 세브르가 35번지의 기억」을 열었다.

Appendix

부록

附
錄

수록 건축물 도면과 사진설명

●여기 실린 평면도, 배치도, 단면도 등은 건물의 구조를 이해하기 위한
기초자료로, 방위와 스케일은 각각 다르며 책에는 표시하지 않았다.
●일부 도면은 실제 준공된 건물과 다를 수 있다.
●진해해군공관과 갱생보호회관(현 안국빌딩)은 남아 있는 도면이 없어
수록하지 못했다.
●도면 아래 사진설명 앞의 숫자는 페이지 번호이며, 옛 사진의 연도는 대부분
기록이 남아 있지 않아 준공연도와 사진 속 정황을 고려해 적었다.
●촬영자와 소장자는 책 끝에 별도 표기했다.

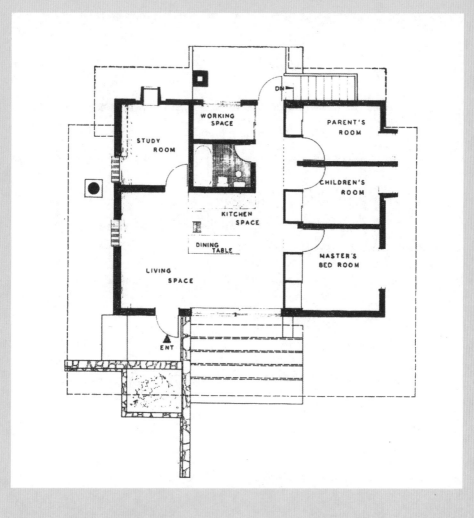

석관동 한씨 주택 1층 평면도 • 38

39   단면도(위)와 입면도(아래).
40-41   '人'자 모양의 지붕. 1960년대.
42   주택 본체의 담과 현관. 벽체는 블록을 가로 세로 엇바꿔 쌓아
        패턴을 만들고, 나무 기둥을 세워 지붕을 받쳤다. 1960년대.
43   골슬레이트 지붕 위의 굴뚝. 1960년대.

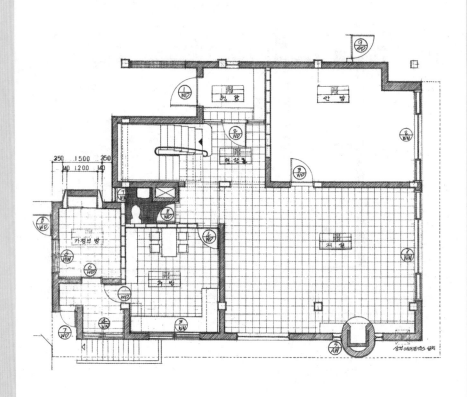

한남동 이씨 주택 l 1층 평면도 • 44

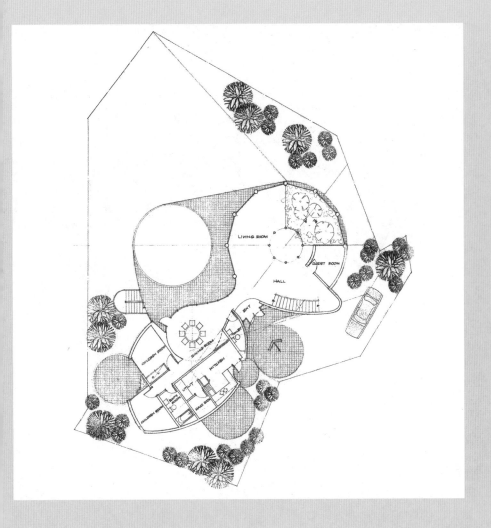

한남동 이씨 주택 II 1층 평면도 • 50

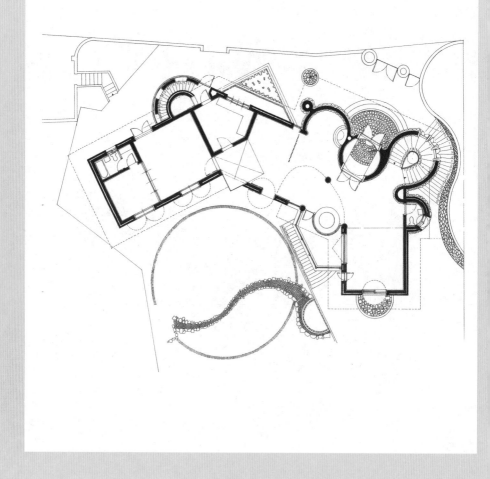

성북동 이씨 주택 1층 평면도 • 56

57   북측(위)과 서측(아래) 입면도.
58   정원에서 바라본 주택(위)과 전면 도로에서 바라본 입구(아래).
        담과 입구 쪽은 돌로, 나머지는 벽돌로 마감했다. 1980년대.
59   2층 높이로 뚫린 1층 거실. 1980년대.

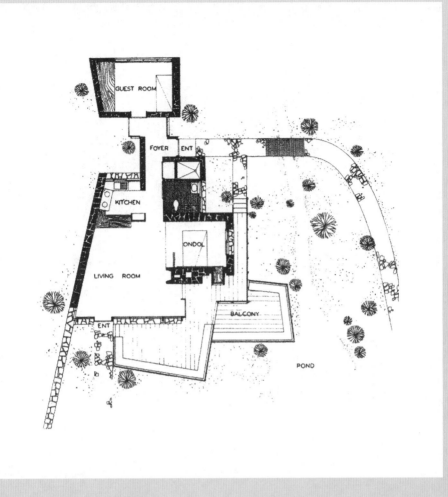

청평산장 1층 평면도 • 60

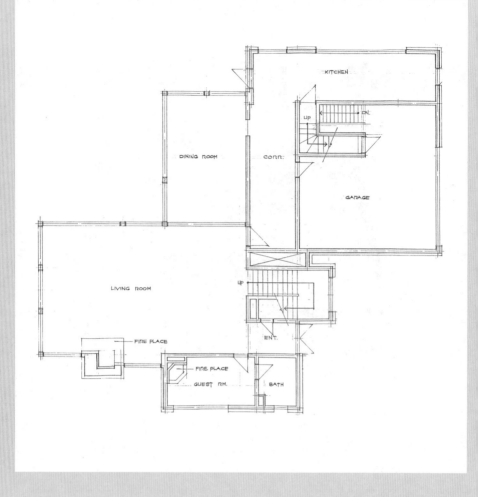

성북동 F.N.C.B 한국대표 주택(현 한국씨티은행 뱅크하우스) 1층 평면도 • 66

67	날카로운 예각의 지붕과 돌로 마감한 외벽. 2018.
68	외부 도색 현장의 작업자. 2018.
69	성북동 중턱에서 올려다본 주택(위)과 돌과 나무로 마감한 외관(아래). 연도 미상.
70-71	테라스에서 내다본 정원과 주변 풍경. 2018.

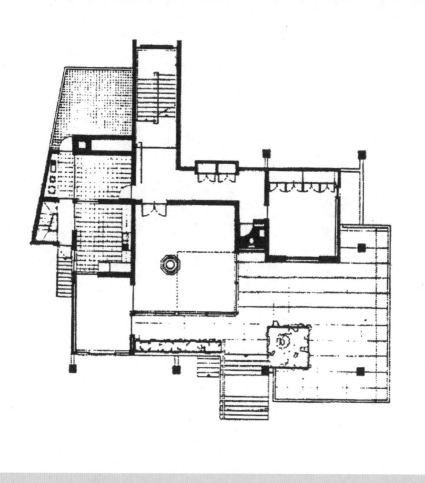

가회동 이씨 주택 2층 평면도 • 72

73   정원에서 바라본 외관. 1970-1980년대.
74   지붕과 기둥이 만나는 부분. 1970-1980년대.
75   정원과 접한 회랑. 1970-1980년대.

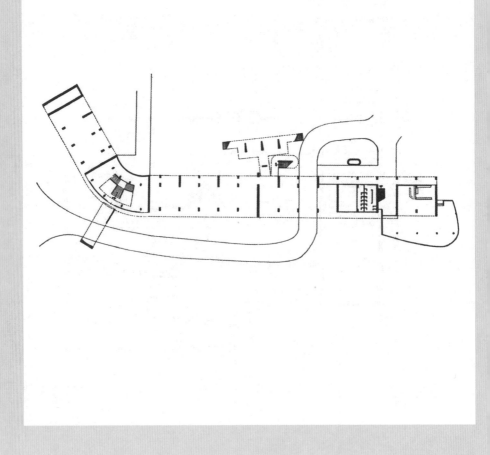

부산대학교 본관(현 부산대학교 인문관) 1층 평면도 • 86

87	외부에서 본 건물 뒤쪽의 모자이크 창. 1950-1960년대.
88	내부에서 본 모자이크 창의 세부. 2018.
89	면 분할된 창틀(위)과 창문 그림자가 투영된 복도(아래). 2018.
90-91	중앙에 위치하는 계단실. 2018.
92	대학 캠퍼스가 내다보이는 휴게 공간의 전면 창. 2018.
93	전면 창에서 캠퍼스와 주변 풍경을 바라보는 학생들. 당시 함께 설계한 대학 정문(현 '무지개문')이 보인다. 1959.
94	김중업이 설계한 부산대학교 본관, 대학 정문(현 '무지개문'), 경비실이 한눈에 보이는 대학 전경. 1973.
95	건물 완공 직후 찍은 것으로 추정되는 기념사진. 왼쪽에서 두번째가 김중업. 1950년대 후반.
96-97	정면에서 본 건물 외관. 전면 창을 통해 후면 모자이크 창이 보인다. 1950년대 후반.

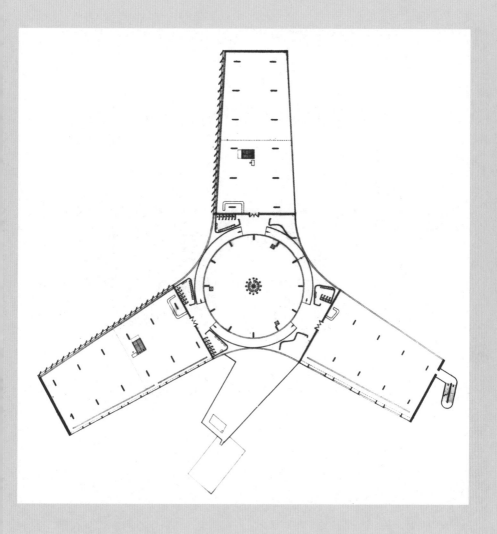

건국대학교 도서관(현 건국대학교 언어교육원) 2층 평면도 • 98

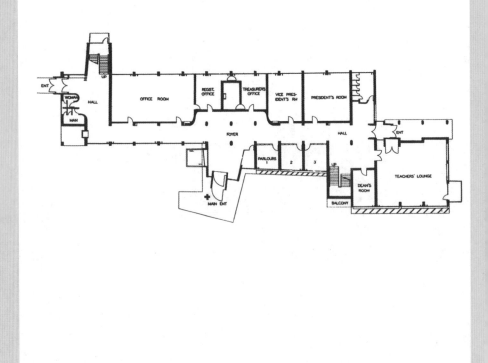

서강대학교 본관 1층 평면도 • 106

제주대학교 본관 1층 평면도 • 116

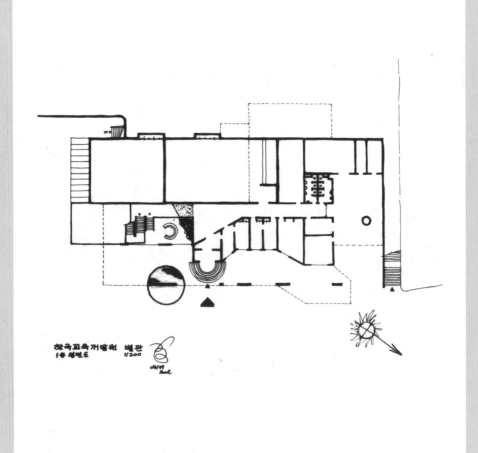

한국교육개발원 신관 1층 평면도 · 126

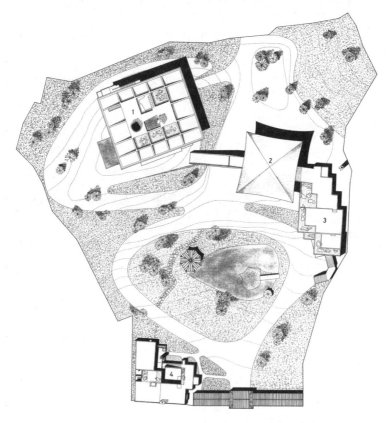

1. LA RESIDENCE D'AMBASSADEUR
2. LE BUREAU D'AMBASSADEUR
3. LA CHANCELLERIE
4. LE FOYER DE LA CHANCELIER

주한프랑스대사관 배치도 • 148

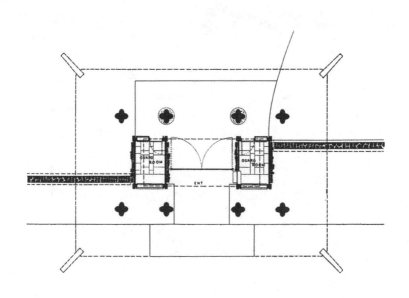

유엔기념묘지 정문(현 유엔기념공원 정문) 평면도 • 164

육군박물관 배치도 • 174

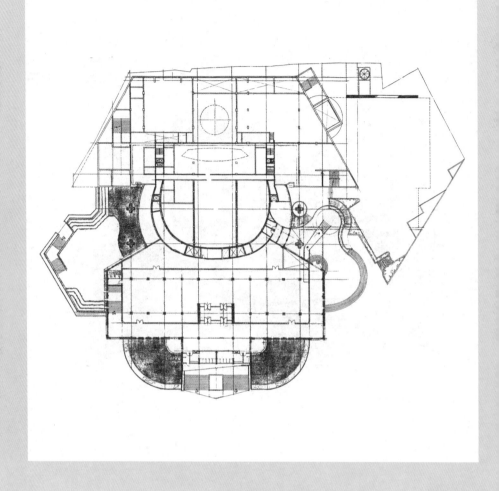

경상남도문화예술회관 1층 평면도 • 182

부산충혼탑 1층(왼쪽)과 지붕층(오른쪽) 평면도 • 190

191   탑 상부. 아홉 개의 원륜을 아홉 개의 벽체가 높이 받쳐 올리고
있다. 1980년대.

192-193 충혼탑이 위치한 구봉산에서 바라본 부산 바다. 1980년대.

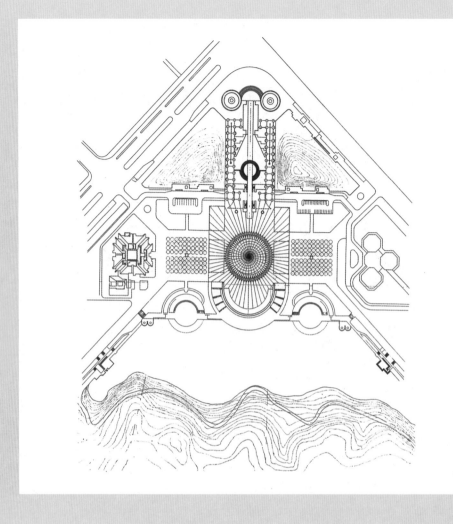

올림픽 세계평화의문 배치도 • 194

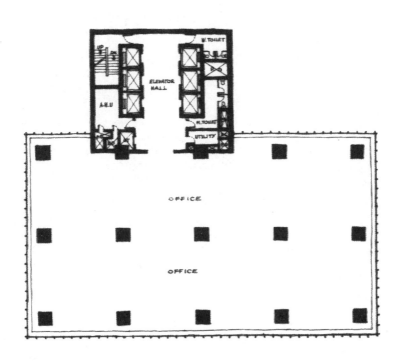

삼일빌딩 기준층 평면도 • 210

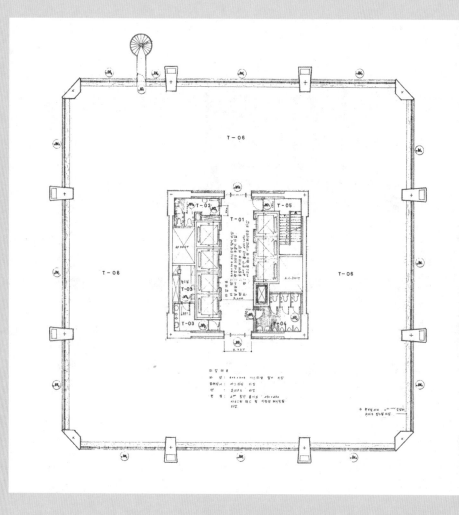

도큐호텔(현 단암빌딩) 기준층 평면도 • 218

219   외관과 주변 풍경. 1970년대 초.
220-221   남산에서 내려다본 서울 도심 전경과 도큐호텔. 1970년대 초.
222-223   서울로에서 바라본 빌딩과 주변 풍경. 2018.

한국외환은행 본점 계획안 1층 평면도 • 230

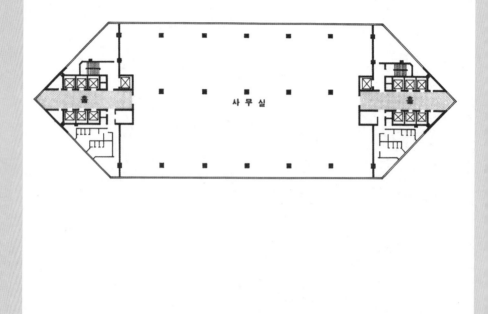

사 무 실

홀

홀

중소기업은행 본점(현 IBK 기업은행 본점) 기준층 평면도 • 236

237　　완공 당시 전경. 1980년대.
238-239　저층부. 2018.

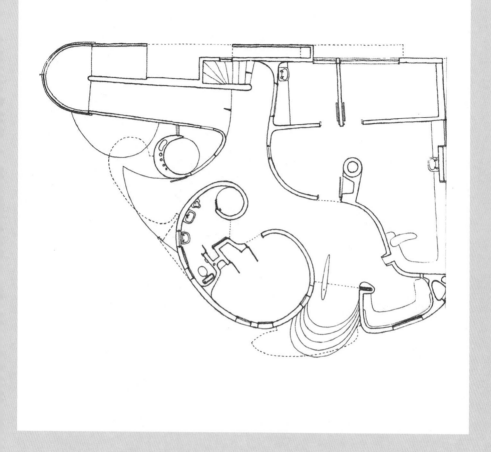

서병준산부인과의원(현 아리움 사옥) 1층 평면도 • 250

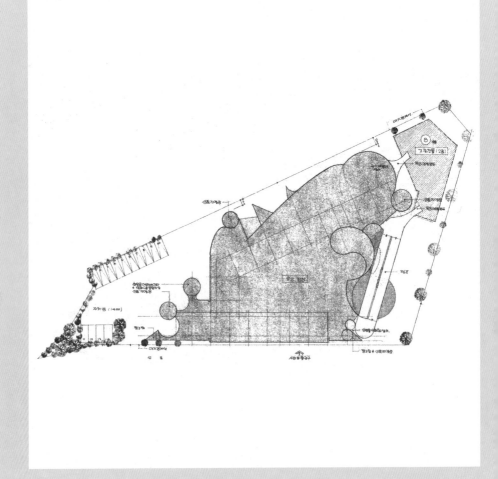

태양의집(현 썬프라자) 배치도 • 262

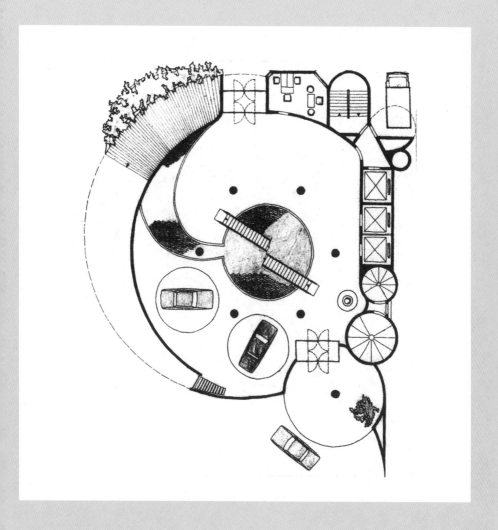

아나백화점 계획안 1층 평면도 • 274

275   입면도. 1979.
276   단면도.
277   계획안 모형. 1970년대 후반.

아나아트센터 계획안 1층 평면도 • 278

279 　조감도.
280-281 입면도.

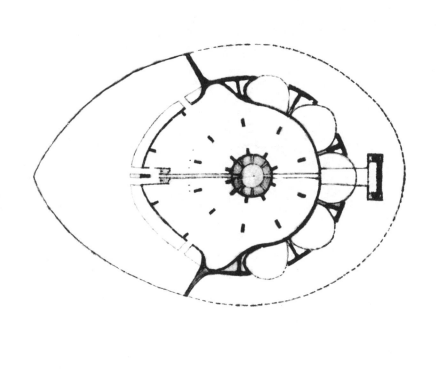

민족대성전 계획안 1층 평면도 • 282

283   단면 드로잉. 1970년대 후반.
284   내부 투시도(위)와 조감도(아래). 1970년대 후반.
285   나무로 만든 계획안 모형. 1980년대.

바다호텔 계획안 배치도 • 286

287   여러 계획안 중 일부. 1980년대.
288   단면도(위)와 입면도(아래).
289   실제 바다 위에 띄운 모습을 연출한 모형. 1980년대.

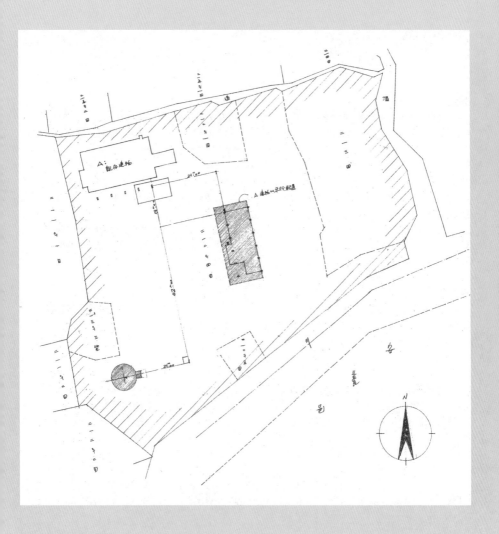

유유제약 안양공장(현 김중업건축박물관, 안양박물관) 배치도 • 296

297	외부 측면 세부. 2018.
298	지금은 '김중업건축박물관'으로 사용되는 과거 공장의 입구.
	유유제약의 심벌이던 'Y'자 모양의 기둥이 정면에 있다.
	1960년대.
299	현 김중업건축박물관. 2018.
300	지금은 '안양박물관'으로 사용되는 과거 공장의 외관.
	건물 2층 외벽 모서리에 조각가 박종배의 모자상이 설치되어
	있다. 연도 미상.
301	안양사지 금당지(金堂址)에서 본 현재 '안양박물관'. 2018.

김중업 연보

1922
3월 9일 평양시 진향리 35번지에서 연안 김씨 가문의
부친 김영필(金永弼)과 모친 이영자(李英子) 5남
2녀 중 차남으로 태어남.

1922-1927
군수인 부친의 임지를 따라 강동, 중화, 성천 등에서
유년시절을 보냄.

1928
평양에 있는 경림소학교(敬臨小學校)에 입학함.

1934
평양고등보통학교(平壤高等普通學校, 이하 평양고보)에
입학함. 학교에서 미술부장이 되어 야수파적인 그림을
그리고, 보들레르와 랭보의 시를 읽음.

1939
평양고보를 졸업하고 도쿄미술학교 출신 미술교사
니노미야(二宮)의 충고에 따라 건축을 전공하기로 하고
요코하마 고등공업학교(橫浜高等工業學校,
현 요코하마국립대학) 건축학과에 진학함. 에콜 데
보자르 출신의 나카무라 준페이(中村順平, 1887-
1977) 교수의 가르침을 받음.

1941
12월, 요코하마 고등공업학교를 졸업함.

1942
요코하마 고등공업학교 십 년 선배 사카모토
도시오의 도움으로 일본에서 가장 큰 도쿄 소재
마쓰다 히라타 설계사무소(松田平田設計)에 입사하여
건축설계 실무 익힘. 프랑스에서 막 귀국한 화가
이노쿠마 겐이치로(猪熊弦一郎, 1902-1993)에게
그림을 배움. 이 시기에 신징(만주) 미쓰이백화점,
요코하마 가네보백화점, 도쿄 미쓰이 선원클럽
등을 작업함. 마에카와 구니오(前川國男, 1905-
1986) 건축사무실에서 일하던 인천 출신 건축가
김충국(金忠國)과 가까이 지내며 건축에 대한 많은
대화를 나눔. 김중업은 훗날 그를 통해 이경성을 알게
됨. 5월 12일, 서문여고를 졸업한 김병례(金秉禮)와
평양에서 결혼하고 도쿄에 거처를 마련함.

1944
마쓰다 히라타 설계사무소를 퇴사하고 서울 소재
조선주택영단(朝鮮住宅營團)에 기수로 근무하며
특수주택 설계를 맡아 일함.

1945
경기도 안양 소재 조선비행기공업주식회사로 직장을
옮기고 곧 헌병대 사건에 연좌되어 중화에 은신 중
해방됨. 이후 몇 개월간 아내의 모교인 서문여고에서
기하학을 가르침. '공산청년동맹' 대장으로 활동하고,
'북조선건축동맹' 창설에 참여함.

1946
봄, 혼자 월남하여 부평 미군기지창에서 설계를 맡음.
장남 희조 출생.

1947
서울대학교 공과대학, 서울대학교 사범대학,
한양대학교 공과대학, 이화여대 미술대학, 숙명여대
미술대학에서 강의함. 서울공대에서는 '울트라
아이디얼리스트', 서울사대에서는 봇짱(어린애)이란
별명으로 불림. 대한건축학회 연구부장을 맡음.

1948-1949
서울대학교 공과대학 건축학과 조교수가 됨. 가족
일부가 월남해 마포에 정착. 이 시기 시를 쓰며, 김광섭,
모윤숙, 이헌구, 김환기, 유치진, 서항석, 송지영, 구상,
오상순, 변영로, 최현배 등과 교유함.

1950
'신건축가협단' 결성에 주도적 역할을 함. 『학풍(學風)』
1950년 5월호에 「건축오십년(建築五十年)」 기고함.

1951
1·4후퇴로 부산으로 피란함. 이곳으로 피란 온 여러
대학과 부산공업고등학교에서 강의를 하며 가족의
생계를 유지함. '밀다원'과 '금강다방'에 자주 나가
이중섭, 유강렬, 조동화, 최은희 등 문인, 화가, 배우들과
교유함. 이때 조병화 시인의 아내가 운영하던 부산
송도의원(일명 '패각의 집')을 설계하기도 함. 부친 별세.

1952
9월, 문총의 추천으로 김말봉, 김소운, 오영진, 윤효중과 같이 이탈리아 베니스에서 열린 유네스코 주최 제1회 국제예술가대회에 한국대표로 유럽에 첫발을 디딤. 22일부터 28일까지 베니스영화제, 비엔날레미술제 등이 동시에 열렸고, 한국대표로 국제저작권 문제에 대해 발표함. 산마르코 광장 앞 페리에서 의장단으로 참석한 르 코르뷔지에(Le Corbusier, 1887-1965)를 만나 끈질기게 매달린 끝에 10월부터 파리에 있는 그의 연구소에서 일하게 됨. 11월, 차남 희검 출생.

1953
제9차 근대건축국제회의(CIAM) 참석차 프랑스 남부 엑상프로방스를 르 코르뷔지에와 함께 방문함. 휴전 소식을 접함. 덴마크의 건축가 예른 웃손(Jørn Utzon) 등과 함께 남불 여행, 토로네 수도원 방문함. 『신천지(新天地)』 1953년 4월호에 「파리통신: 김환기 화백에게 보내는 편지」 기고함.

1954
여름, 이탈리아 건축잡지 『카사벨라(Casabella)』 편집장인 건축가 에르네스토 로제(Ernesto N. Rogers)와 같이 핀란드의 알바르 알토(Avar Alto) 교수의 초청으로 북유럽을 여행함.

1955
10월, 르 코르뷔지에로부터 사무실 규모를 축소하기로 했다는 편지를 받고 12월에 퇴소함.

1956
2월, 귀국함. 3월에 '김중업건축연구소'를 종로구 관훈동에 열고 부산대학교 본관, 명보극장, 건국대학교 도서관, 등을 설계함. 4월, 윤효중과 김환기의 부탁으로 홍익대학교 건축미술학과 교수가 되어 건축계획 및 도시계획을 강의함. 9월, 제5회 「대한민국미술전람회」(「국전」) 심사위원 역임. 서양화가 이항성이 국내 최초로 발행한 미술잡지 『신미술(新美術)』의 창간 동인으로서, 1956년 9월 창간호에 「루 콜뷰제의 건축」을 기고하고, 11월호 좌담회 「미술인의 당면과제」에 참여함.

1957
3월, 삼남 희몽 출생. 4월, 중구 소공동 공보실 공보관에서 「김중업건축작품전」(1957. 4. 12-30) 개최해 프랑스 시절 작품인 '밀바의 집' '살고 싶은 집' '필그림 홀' 등을 선보임. 9월, 제6회 「국전」 심사위원 역임.

1958
9월, 한국미술평론인협회 발족에 참여함. 서강대학교 본관, 석관동 한씨 주택(일명 '人'자집) 등을 설계함. 서울에 와 있는 한국대사들과 어울려 왕립아세아학회 일을 도움. 장준하, 김준엽, 조동화, 한운사, 조지훈, 조동필 등과 교우함. 『사조(思潮)』 1958년 6월호에 「현대건축사조와 우리의 현실」 기고함.

1959
1월, 건축연구소를 종로구 동숭동으로 이전함. 『동아일보』 1959년 1월 29일자에 「도시의 미학: 인간의 묘지(墓地)여선 안 된다」 기고함. 사남 희성 출생. 초대 주한프랑스대사 로제 샹바르(Roger Chambard)가 서울에 세워질 주한프랑스대사관의 설계공모에 참여하길 청함. 5월, 미국원자력위원회의 안내로 원자력 시설을 시찰하고 돌아오는 길에 뉴욕에서 이 설계안을 완성함. 12월 당선 소식을 받음.

1960
봄, 주한프랑스대사관을 착공해 1962년 준공함. 사일구혁명의 열기 속에 기념탑 추진에 관여함. 7월, 한국미술평론가협회 결성함. 9월, 제7회 「국전」 심사위원 역임. 『자유문학(自由文學)』 1960년 9월호에 「호국광장(護國廣場)」 기고함.

1961
5월, 장녀 희정 출생. 11월, 국토건설청 산하 도시계획위원회 위원 역임함. 세계문화자유회의 한국지부의 창립회원으로 참여함.

1962
7월, 시애틀에서 열린 세계자연보전연맹(IUCN) 주최 세계국립공원회의에 한국대표로 지명되어 참석하고 돌아오는 길에 아세아재단 후원으로 미국의 여러 건축가들과 친교를 맺음. 뉴욕에서 필립 존슨, 아이엠 페이, 에스오엠(SOM)의 고든 번샤프트,

필라델피아에서 루이스 칸을 만남. 파리에서
르 코르뷔지에와 재회함. 1961년도 서울특별시문화상
수상함. 문화재 위원으로서 석굴암 보수 문제로
의견이 대립되어 사퇴함. 청평산장 설계함.

1963
'1964/1965 뉴욕 세계박람회(The 1964/1965 New
York World's Fair)' 한국관 설계도면 전달을 위해
뉴욕 방문. 『주택』 1963년 6월호에 「한국의 현대건축」
기고함.

1964
5월, 건축연구소를 종로구 인의동으로 이전.
『과학세계사』 1964년 11월호에 「새롭고 편리한
주택」 기고함.

1965
8월, 르 코르뷔지에 사망함. 드골 프랑스 대통령에게
주한프랑스대사관 설계로 프랑스 국가공로훈장
수훈, 슈발리에 칭호와 연금을 받음. 제주대학장
문종철의 요청으로 제주대학교 본관을 설계함.
서병준산부인과의원(현 아리움 사옥)를 설계함.
『주부생활』 1965년 4월호에 「알뜰하고 이상적인
집: 인자형(人字型) 실용주택」 기고함.

1966
프랑스 경제성 초청으로 도시계획 및 주택정책에 관한
연구 시찰. 9월, 건축연구소를 성북구 성북동으로
이전하고 자택을 겸함. 유엔기념묘지(현 유엔기념공원)
정문, 한남동 이씨 주택(I)을 설계함.

1967
3월, 홍익대학교의 생산미술연구원 '건축, 도시,
국토계획연구소'의 소장 역임함. 『공간(空間)』
1967년 3월호에 건축가 김중업 특집 코너가 마련됨.
『세대(世代)』 1967년 9월호에 「시각적인 현실」, 『주택』
1967년 6월호에 「66년도 공영주택 사업에 대한
나의 견해」를 기고함. 김수근의 부여박물관 설계안이
일본색을 띠고 있음을 비판한 「망거(妄擧): 부여
박물관설계도를 보고」를 『동아일보』 1967년 9월
2일자에 기고함. 가회동 이씨 주택, 성북동 F.N.C.B
한국대표 주택, 진해공군공관 설계함.

1968
3월, 한국건축가협회 부이사장 선임. 건축연구소를
첫번째 위치와 동일한 종로구 관훈동으로 이전.
도큐호텔(현 단암빌딩)을 설계함. 『신동아』 1968년
1월호에, 1967년 4월 유엔 개발계획 전문가로 내한한
터키의 건축가이자 도시계획가 타리크 카림(Tarik
Carim)과 나눈 대담 「도시계획의 미학」 수록함.

1969
4월, 건축연구소를 종로구 인의동으로 다시 이전함.
한국과학원 위촉으로 아프리카 니제르 도자기공장
건설 자문위하여 니제르 방문. 『지성과 젊음의
대화』(인문출판사)에 「내가 걸어 온 길을 돌이켜 본다:
건축가의 길을 택하려는 조(組)에게」 기고함. 삼일빌딩을
설계함.

1970
6월, 서울특별시 수도행정자문위원회 주택위원으로
위촉됨.

1971
5월, 중구 장충동으로 자택과 건축연구소를 겸한 건물을
지어 이전함. 10월, 기록영화 「건축가 김중업(Kim
Chung-up architecte)」을 피에르 카뮈(Pierre Camus),
폴 부롱(Paul Bourron) 등과 함께 제작. 충무로 신세계
화랑에서 『김중업건축사진전』(1971. 10. 19-24) 개최.
기록영화 「건축가 김중업」에 나오는 스틸사진 120장과
슬라이드를 전시하고, 10월 24일에는 영화의 공개
시사회 개최함. 11월, 광주대단지사건
(廣州大團地事件)을 앞두고 도시개발에 대한 국가정책을
비판했다 하여 삼 개월 여권으로 강제 출국 당함.

1973
파리에서 100킬로미터 떨어진 페르 앙 타르드누아
(Fère-en-Tardenois)에 아내와 함께 정착함.
4월, 프랑스 공인건축가자격(DPLG) 취득함.
여권 만료되어 무국적 상태로 체류하던 기간 동안 서교동
홍씨 주택 등을 작업함.

1974
니제르 도자기공장의 설계를 위해, 니제르 정부 초청으로
한국정부에서 관용복수여권을 발급하여 방문함.
한국외환은행 본점 계획안 작업함.

1975
주프랑스미국대사관에서 미국비자(5년)를 받아
프랑스를 떠나 동생이 있는 로스앤젤레스에 임시
기거함. 10월, 미국 북동부 프로비던스(Providence)에
사무소 개설. 대한성공회회관(현 '세실극장') 설계함.

1976
로드아일랜드 예술대학과 하버드 대학에서 강의함.

1977
미국에서 백남준, 김차섭 등과 교유함. 4월, '제주 오라
관광휴양단지' 설계를 위해 임시 귀국 했다가 다시
미국으로 출국. 11월, 아프리카 나이지리아의 라고스
시에 이분 올루아(Ebun Oluwa) 스포츠 호텔 설계
계약차 방문함.

1978
나이지리아의 대통령 가족의 요청으로 이분 올루아
스포츠 호텔을 구상함. 10월, 한국으로 귀국함.

1979
4월, 인사동 미화랑에서 「건축 '스케치'」(1979. 4.
19-23) 전시 개최. 총 6개 건물(이분 올루아 스포츠
호텔, 한국외환은행 본점, 대한성공회회관, 서귀포
대한항공 컨트리 클럽하우스, 한국교육개발원 신관)의
모형과 도면 30여 점 전시. 아나백화점 계획안 작업함.
쇼핑센터 '태양의집'(현 썬프라자) 설계함. 『공간』
1979년 3월호에 건축가 김중업 특집이 마련되어
건축가 김원과의 대담 「건축가의 프라이드, 사회적
의미」를 가짐. 『동서문화』 1979년 4월호에 「공간에
자화상을 새기듯이: 후배 건축인에게 주는 글」 기고함.

1980
미국에 있을 때 '도버 해상 호텔'로 구상한 계획안을
수정·발전시켜 제주도 앞바다에 바다호텔을 계획함.
민족대성전, 한남동 이씨 주택(II) 설계함.

1981
8월, 일반인들이 좀 더 쉽게 그림을 살 수 있게 하고,
주택을 더 아름답게 꾸미도록 하려는 뜻으로, 종로구
동숭동에 일호화랑(一號畵廊) 개관함. 11월, 모친 별세.
『공간』 1981년 12월호에 좌담회 「한국현대건축의
회상」 참여함.

1982
8월, 건축연구소를 도봉구(현 강북구) 우이동으로
이전. 10월, 독립기념관 건립 추진위원회
기획위원으로 위촉됨. 12월, 쇼핑센터 '태양의집'으로
서울특별시건축상 동상 수상. 『중앙일보』 1982년
3월 17일자에 「민족유산 담길 중앙청… 문화공간답게
손질을. 국립박물관이 된다는 말을 듣고…」 기고함.
육군박물관 설계함.

1983
3월, 육군박물관 설계로 1983년도 대한건축사협회
회원건축설계 작품공모에서 대상(건설부장관상) 수상.
을지로 재개발사업 현상공모 당선, 독립기념관 건립
설계 현상공모작품 심사위원으로 위촉됨.
9월, 건축연구소를 강남구 서초동으로 이전.

1984
4월, 소공동 조선화랑에서 김중업, 김병례
「부부전」(1984. 4. 30-5. 8) 개최함. 김중업 드로잉
20점, 김병례 회화 40점 전시함. '예술의전당'
현상설계에서 낙선. 이후 건강이 악화됨. 작품집
『김중업: 건축가의 빛과 그림자』(열화당) 출간함.
경상남도문화예술회관 설계함.

1985
'㈜김중업건축연구소'로 상호 개정함. 6월, 건설의 날
맞아 산업포장(건설유공) 수상, 국제방송센터 신축설계
현상공모 우수작, 올림픽 선수 및 기자촌 계획안
입선함. 회귀동인회에서 활동하여 『회귀(回歸)』 출간.
7월, '㈜김중업종합건축사사무소'로 상호 재개정.
중소기업은행 본점, 박시우치과의원 설계함.

1986
『공간』에 건축가 김중업 특집 코너가 마련되어, 건축가
승효상과의 대담 「김중업과 그의 현대적 고전주의」와
이일훈의 작가론 「뉴튼적 사고를 거부하는 건축가,
김중업」 등이 수록됨. 올림픽 세계평화의문 설계함.

1987
12월, 건축사사무소를 서초구 서초동으로 이전함.
목포문화방송국 등 지방 도시의 방송국 설계함.

1988
중소기업은행 본점 설계로, 1987년도
서울특별시건축상 금상 수상함. 5월 11일 지병으로
별세. 5월 15일 강남성모병원에서 영결식 열림.
장지는 경기도 포주군 대촌면 서능공원묘지.
10월, 은관 문화훈장 수훈.

1991
국제방송센터로 1990년도 서울특별시건축상 은상
수상함.

1995
건축계와 지역 문화계에서 보존운동을 벌였으나
제주대학교 본관이 안전 문제로 철거됨.

1998
김중업 십 주기를 맞아 한양대 정인하 교수가 『김중업
건축론: 시적 울림의 세계』(산업도서출판공사)를
출간함.

2007
김중업이 1959년 설계한 유유제약 안양공장 부지를
안양시에서 매입해 김중업박물관 건립 계획을 발표함.
땅 주변에서 보물로 지정된 중초사지당간지주,
고려시대의 삼층석탑과 같은 역사유적이 있어
발굴 조사가 먼저 진행됨.

2009
유유제약 안양공장 부지 발굴조사 중 안양사명
명문기와가 발굴되어, 문헌으로만 전해 오던 안양사의
실체가 확인됨.

2011
가회동 이씨 주택(당시 한국미술관)이 한국에서
건축물로는 미술 경매장에 나온 첫 사례로
주목받았으나 유찰됨.

2014
과거의 유적과 김중업 건축을 모두 공존시키는 안으로
결정, 유유제약 안양공장을 리모델링하여 3월 28일
'김중업박물관'으로 개관함.

2016
박물관 이름을 '김중업건축박물관'으로 개칭함.
주한프랑스대사관 리노베이션 계획 발표됨. 김중업이
설계한 원안을 복원하고 추가 건물을 증축하는
안으로 프랑스 건축사무소 사티(SATHY)와 한국의
매스스터디스(Mass Studies)가 당선.

2018
2월 11일, 주한프랑스대사관 신관 착수식이 열림.
김중업 삼십 주기 기념으로 김중업건축박물관에서
『김중업, 르 코르뷔지에를 만나다: 파리 세브르가
35번지의 기억』(2018. 3. 31-6. 17),
국립현대미술관에서 『김중업 다이얼로그』(2018.
8. 30-12. 16)를 개최함. 프랑스 정부에서
주한프랑스대사관의 역사를 담은 『서울의 프랑스
공관(Résidence de France à Séoul)』을 펴냄.
9월, 서울시 성북구 장위동에 '김중업건축문화의집'
개관함.

인용문 출처 및 도판 제공

인용문 출처

8「김중업: 건축가의 빛과 그림자」, 열화당, 1984. 자필 서문.
9 김원,「건축가의 프라이드, 사회적 의미」「공간」, 1979. 3. 김원과의 인터뷰.
10, 204 강석경,「건축가 김중업」「일하는 예술가들」, 열화당, 1986. 강석경과의 인터뷰.
11(위), **294**(위), **405** 피에르 카뮈(Pierre Camus), 폴 부롱(Paul Bourron), 김중업,「건축가 김중업(Kim Chung-up architecte)」, 1971. 기록영화 속 김중업의 프랑스어 대사 번역.
11(아래), **240**(위)「만나 보았습니다: 건축가 김중업」「효성(曉星)」, 1983. 2.
28(위)「핀란드 토고의 집」「여성동아」, 1968. 3.
28(아래)「생활의 중심, 거실」「주부생활」, 1966. 3.
29「새롭고 편리한 주택」「과학세계사」, 1964. 11;「표정이 있는 집」「김중업: 건축가의 빛과 그림자」, 열화당, 1984에 재수록.
30, 290(아래), **293**「알뜰하고 이상적인 집: 인자형(人字型) 실용주택」「주부생활」, 1965. 4. 1.
31「민가」「여성동아」, 1967. 12.
32「변화있는 개인의 성(城)」「여성중앙」, 1971. 5.
33, 242(아래), **243, 245**(아래)「현대인들에게는 어떤 공간이 필요한가」「엠디」, 1984. 8.
76-77「내가 걸어 온 길을 돌이켜 본다: 건축가의 길을 택하려는 조(組)에게」「지성과 젊음의 대화」, 인문출판사, 1969.
78「집은 예술」「김중업: 건축가의 빛과 그림자」, 열화당, 1984.
79, 139, 201(위), **245**(위)「둥근 공간은 바로 한국미의 표현」「현대주택」, 1983. 9. 인터뷰.
80(위)「문종철(金鍾哲): 그와 함께 제주에 심었던 꿈」「김중업: 건축가의 빛과 그림자」, 열화당, 1984.
80(아래)「무제(無題)」「건축사(建築士)」, 1984. 1.
81, 291, 292(위)「공간에 자화상을 새기듯이: 후배 건축인에게 주는 글」「월간 동서문화」, 동서문화사, 1979. 4.
138(위)「빛처럼, 꿈처럼 그리고 맑은 공기처럼」「객석」, 1985. 6.
138(아래)「아름다운 서울」「동아일보」, 1979. 10. 16.

140「흰 빛을 알뜰히 여기는 마음」「밀물」, 1980. 1. 1.
141「예술은 작가의 꿈을 담는 그릇입니다」「Kaleido scene」, Korean Air, 1987. 12 김비함(金毖含)과의 대담.
142「미술인의 당면과제」「신미술」, 1956. 11. 좌담회.
143(위)「김중업: 건축가의 빛과 그림자」, 열화당, 1984. 유엔기념묘지 정문 사진설명.
143(아래)「김중업: 건축가의 빛과 그림자」, 열화당, 1984. 주한프랑스대사관 사진설명.
200「서울과 시민」「김중업: 건축가의 빛과 그림자」, 열화당, 1984.
201(아래), **205, 295**「충격으로 이어지는 예와 기의 숨결」「독서신문」, 1978. 11. 12/19. 조각가 김정숙과의 대담.
202「도시계획의 미학」「신동아」, 1968. 1. 타리크 카림(Tarik Carim)과의 대담.
203「서울과 시민」「김중업: 건축가의 빛과 그림자」, 열화당, 1984.
240(아래), **242**(위), **244**「바다에 집을 짓고 하늘에 집을 짓고」「여성동아」, 1980. 6. 인터뷰.
241「21세기를 보는 건축가의 시각: 건축은 시대의 거울」「국사(國士)와 건설(建設)」, 1984. 10. 인터뷰.
290, 292(아래)「문화재와 근대화」「중앙일보」, 1967. 2. 28.
294(아래), **403**(위), **407**「시를 쓰는 낭만파 건축가, 한국 건축의 혈맥 김중업」「월간디자인」, 1979. 4. 인터뷰.
402(위)「김중업과 그의 현대적 고전주의」「공간」, 1986. 3. 승효상과의 대담.
403(아래)「건축가의 프라이드, 사회적 의미」「공간」, 1979년 3월. 김원과의 인터뷰.
404 이일훈「뉴튼적 사고를 거부하는 건축가, 김중업」「공간」, 1986. 3. 이일훈과의 인터뷰.
● 저자 표기가 없는 것은 모두 김중업의 글이며, 건축설명문 속 인용문은「김중업: 건축가의 빛과 그림자」(1984)에서 대부분 발췌했다.

도판 제공

국립현대미술관 | 김익현 **82-83, 88-92, 103-105, 146-147, 156, 165, 198-199, 208-209, 216-217, 222-223, 238-239, 410-413**; 김태동 **34-37, 45-49, 67-68, 70-71, 84-85, 107-108, 110-111, 115, 128-129, 132, 135-137, 144-145, 154, 159-160, 162-163, 176, 178-181, 185-189, 246-247, 264-266, 267**(위)**, 268, 270-273, 297, 299, 301, 355**(왼쪽)**;** 명이식 **206-207, 225**; MMCA미술연구센터 박길룡 아카이브 **308**(왼쪽)**, 315**(오른쪽)**, 333**(아래)**, 343**(왼쪽)**, 344.**
김중업건축박물관 | **51-55, 62-63, 65, 69, 87, 95-97, 99-102, 109, 112-114, 117-119, 124-125, 127, 130-131, 133-134, 150-151, 161, 167, 169, 173**(아래)**, 175, 177, 183-184, 191-193, 195-197, 214-215, 220-221, 226-229, 231-235, 237, 252-253, 256, 257**(위)**, 263, 267**(아래)**, 269, 275-277, 279-281, 283-285, 287-289, 298, 300, 306, 310-312, 315**(왼쪽)**, 316-317, 326, 327**(아래)**, 330, 334, 346-347, 353-354, 358, 359**(아래)**, 362, 368-370, 375, 378-379, 382-383, 386-388,**

390-393, 395, 408-409; 김재경 **248-249, 251, 255, 257**(아래)**, 258-261**; 서종현 **361**; 유유제약 **356**; Pierre Camus, Paul Bourron **40-43, 61, 64, 73-75, 120-123, 149, 155, 157-158, 166, 168, 171-172, 173**(위)**, 212-213, 219, 254.**
기타 | 고려대학교박물관 **308**(오른쪽)**;** 국가기록원 **340, 345, 348**(오른쪽)**;** 김동희 **4-7**; 김한용사진연구소 **211**; 김현섭 **309, 314**; 부산대학교 **93-94**; 서울사진아카이브 **342**; 열화당책박물관 **329**; 조병화문학관 **307, 325**(아래)**;** (주)구조사종합건축사사무소 목천건축아카이브 **343**(오른쪽)**;** 주한프랑스대사관 **152-153**; "SATHY+Mass Studies," 2017, image credit Artefactorylab **355**(오른쪽)**;** 桧の会 / 大西春雄·林要次 **322-323**; FLC/SACK **327**(위)**;** Yun Hyong-keun Estate and PKM Gallery **328**; Kristoferb at English Wikipedia **305**; Gottscho-Schleisner, Inc., Library of Congress Prints and Photographs Division **313.**
● 저작권자가 확인되지 못하거나 잘못 기입된 경우 차후 확인되는 대로 해결할 예정이다.

내가 후기에 달라졌다면,
과장하고 싶다거나,
지나치게 강조하고 싶다거나 하는
행위를 삼가고 있는 것이에요.
말하자면 파격적으로 과장하기 위하여
어느 부분을 비대칭하게 깨뜨려
버리는 작업을 하지 않고 있다는 거죠.
아까 얘기한 '편하다'는 말은 따뜻하게
감싸 주려는 마음이 넓어졌다고
표현할 수 있겠습니다.
어떤 현상을 보고 지나치게 감동하는
것보다 서서히 전달받는 방법을 택하는
것입니다. 그리고 건축이라는 것이
바로 그런 게 아닐까 하는 생각이죠.

저는 시를 좋아했습니다.
설계도면 아래에도 늘 시 구절을
적어 보곤 하였습니다만,
이제는 소설을 쓰고 싶습니다.
건축이라는 것이 어디까지나 인간이
나서부터 이제까지의 얘기이니까요.
에콜로지예요. 셰익스피어, 발자크,
도스토예프스키를 좋아하는 나는
건축언어로서 산문을 쓰고 싶습니다.
시는 함축성있게 멋진 감동을 주지만
차분히 앉아서 훨씬 설명적인
긴 얘기를 하고 싶어요.

시대는 많이 변했어요.
좀 더 적극적으로 사인을
보내야 되겠고
좀 더 소란해져야 되겠고,
비유해서 말한다면
시를 써 오던 건축가들이
산문을 쓰기 시작했다
이거지요.

조형은?

　그것은 사인(sign)이다.

　아주 귀한 인간의 사인.

기능은?

　주어지는 것.

구조는?

　가정에서 출발하는 인스피레이션.

음악은?

　음악이 건축적이 아니라 건축이 음악에 가깝다.

건축가란?

　역사의식에 철저해야 한다.

　미래지향적 사고는 정확한 과거 파악에서 오니까.

건축은?

　제2의 자연, 그리고 시대의 증언이며 목격자.

건축가 김중업은?

　예측 불가능한 존재.

우리는 군중에게서 완전히 분리되어 있어요.
그리고 이익을 위해 우리 예술을 진열해 놓도록
강요받습니다.

이것이 우리 건축가들에게 던져진 큰 문제입니다.
비용을 대는 사람들은 절대 그 건물들과 임대아파트와
신도시 안에 살게 될 사람들의 의견을 묻지 않아요.
어떻게 생각하세요? 부동산개발업자라고 부르는 게
맞지요? 과연 그들은 자신이 만들고 있는 건물 안에
살고 싶어 할까요? 저는 그렇게 생각하지 않습니다.
절대로요.

이것이 건축가의 근본적인 문제입니다.
우리는 더 이상 사람을 위해서 건물을 짓지 않아요.
정말이에요. 더 이상 아무도 사람을 위해서 건물을 짓지
않아요! 오늘날 건축가는 누구란 말인가요?
단순히 대형 유리 기계를 고용하는 것과도 같습니다.

강제로 만들어내는 현대화. 아, 저는 정말 강요된
현대화가 싫습니다. 노예로 부려지는 사람.
강요된 현대화는 건축가와 도시계획가, 부동산개발업자,
은행가, 사회학자, 광고업자, 정보 과학자들이
비인간적인 권위에 의해 조종당하는 거예요.

이렇게 생각하는 건축가들은 정말 많습니다.
그런데 왜 아무것도 하지 않을까요?
아무것도요.

누구든
일생 동안
자신의 자화상을
그릴 뿐입니다.
건축가는
죽는 날까지
연륜을 쌓듯
벽돌을 한 장 한 장
쌓아 올려 가면서
자신의
자화상을
세워 가는 겁니다.

김중업 다이얼로그
Kim Chung-up Dialogue

초판1쇄 발행일 2018년 11월 1일
초판2쇄 발행일 2019년 5월 1일
발행인 李起雄
발행처 悅話堂
경기도 파주시 광인사길 25 파주출판도시
전화 031-955-7000 **팩스** 031-955-7010
www.youlhwadang.co.kr
yhdp@youlhwadang.co.kr
등록번호 제10-74호
등록일자 1971년 7월 2일

편집 이수정 장한올
디자인 정재완
인쇄 제책 (주)상지사피앤비

Kim Chung-up Dialogue
© 2018 by National Museum of Modern and
Contemporary Art, Korea; Anyang Foundation for
Culture & Arts (Kimchungup Architecture Museum)

Published by Youlhwadang Publishers
Paju Bookcity, Gwanginsa-gil 25, Paju-si,
Gyeonggi-do, Korea

Printed in Korea

ISBN 978-89-301-0631-3 93610

이 도서의 국립중앙도서관 출판시도서목록(CIP)은
e-CIP 홈페이지(www.nl.go.kr/ecip)와
국가자료공동목록시스템(http://www.nl.go.kr/kolisnet)에서
이용하실 수 있습니다. (CIP제어번호: CIP2018032550)

김중업 다이얼로그
2018. 8. 30—12. 16
국립현대미술관 과천 제2전시실 및 중앙홀

주최 국립현대미술관, 안양문화예술재단(김중업건축박물관)

국립현대미술관
관장 바르토메우 마리
총괄 강승완 강수정
기획·실행 김형미 정다영
전시진행 이예림
공간디자인 김용주
그래픽디자인 원성연 이원섭
공간조성 한명희
전시운영 명이식 복영웅 이태현
조사연구 류근수 최호진 서주희 최비결 최은화
교육 및 문화행사 조헤리 선진아
학술행사 진행 김상호(언더라인)
홍보 윤승연 이기석 김은아 김상헌 최지희
고객지원 오경옥 임재형
아트상품 국립현대미술관진흥재단
번역 김윤정선(Yes More Translation) 정상연

프로듀서 이성민(삼삼오오)
사진 김익현 김태동
영상 57스튜디오

김중업건축박물관
이사장 최대호(안양시장, 안양문화예술재단이사장)
실행협력 고은미
조사연구 정혜린

촬영협조 및 자료제공 KBS미디어, Mass Studies, SATHY,
건국대학교, 경상남도문화예술회관, 국가기록원, 김재경,
김한용사진연구소, 단암산업, 명이식, 목천김정식문화재단,
부산대학교 기록관, 서강대학교, 소마미술관, 썬프라자,
열화당책박물관, 유엔기념공원, 육군박물관, 이기남, 이지은,
제주대학교, 주한프랑스대사관, 한국교육개발원, 한국씨티은행,
한국정책방송원, 한국체육산업개발주식회사

도움 주신 분들 Diane Josse, 곽재환, 권희영, 김희조, 백금남,
부산대학교 박물관, 부산시립미술관, 오인완, 윤지영, 이문호,
이승택, 정인하, 조민석